INHALT

CHRISTINE SCHIRRMACHER

Kleines Lexikon zur islamischen Familie

Herausgegeben vom

Institut für Islamfragen

»Institut der Lausanner Bewegung
für Islamfragen Wetzlar e.V.« (IfI)

Christine Schirrmacher studierte Islamwissenschaft, Geschichte und Vergleichende Religionswissenschaft in Gießen und Bonn und promovierte mit einer Arbeit zur christlich-islamischen Kontroverse im 19. und 20. Jahrhundert. Sie ist in Deutschland wissenschaftliche Leiterin des »Institut für Islamfragen (IfI)« der Lausanner Bewegung, Deutscher Zweig, unterrichtet das Fach »Islam« am Martin Bucer Seminar und lebt mit ihrer Familie in Bonn.

Die Korantexte sind entnommen aus: Rudi Paret, Der Koran, 2. Auflage, Stuttgart 1980/1982, Kohlhammer-Verlag

hänssler-Taschenbuch
Bestell-Nr. 393.860
ISBN 3-7751-3860-9

© Copyright 2002 by Hänssler Verlag,
D-71087 Holzgerlingen
Internet: www.haenssler.de
E-Mail: info@haenssler.de
Titelfoto: Max und Hilla Jacoby
Umschlaggestaltung: Ingo C. Riecker
Satz: AbSatz, Klein Nordende
Druck und Bindung: Ebner Ulm
Printed in Germany

VORWORT

Dieses Buch ist für all diejenigen geschrieben, die ihre muslimischen Nachbarn, Freunde und Arbeitskollegen und deren Familienleben besser verstehen möchten. Vieles am islamischen Familienleben erscheint fremd und unverständlich. Doch nicht alle Dinge sind religiös bedingt. Manches hat seine Wurzeln in der nahöstlichen Kultur und einem anderen Verständnis von Ehre und Schande, Scham und Schuld. In einer Zeit, in der der Islam längst Bestandteil der westlichen Gesellschaft geworden ist, hat es sich das »Institut für Islamfragen« der Lausanner Bewegung zur Aufgabe gemacht, sachlich-differenzierende Beiträge zum Islam aus christlicher Perspektive zu veröffentlichen.

Das Lexikon enthält 30 Artikel zum Thema Frau und Familie im Islam. Um Unterthemen leichter auffindbar zu machen, verweisen am Ende des Buches rund 80 weitere Stichworte auf einzelne Abschnitte innerhalb der 30 Beiträge. Ein Stern (*) verweist auf Artikel innerhalb des Lexikons. Bei der Zitierung von Koranversen wird erst das Kapitel, d. i. die entsprechende Sure, dann der Vers nach der heute üblichen Zählung der ägyptischen Standardausgabe genannt (23, 24 = Sure 23, Vers 24).

Wer einen ersten Überblick gewinnen möchte, sollte mit den Artikeln »Ehe und Familie«, »Ehre und Schande«, »Frau«, »Mann« und »Geschlechtertrennung« beginnen. Wer einzelne Themen vertiefen möchte, findet am Ende eine Literaturliste mit weiterführenden Sachbüchern zum Thema. Es ist mein Wunsch, dass es zwischen Christen und Muslimen zu viel mehr mitmenschlichen Begegnungen, zu respektvollem Austausch und Verständnis für den anderen und seine Welt und Wahrnehmung kommt.

Mein besonderer Dank gilt Herrn Peter Frey, Hünenberg/Schweiz, der durch seine großzügige Unterstützung dieses Buch ermöglicht hat, sowie Petra Uphoff, Köln, für viele anregende Fachdiskussionen.

Abtreibung

Grundsätzlich verurteilt der Koran jede Tötung eines Menschen (ausgenommen im Verteidigungsfall oder als Strafe für ein Kapitalverbrechen), erwähnt die Abtreibung explizit jedoch nicht. Islamische Theologen nehmen daher unterschiedliche Standpunkte ein. Während frühislamische Theologen eine Abtreibung mehrheitlich bis zum 40. oder auch 120. Tag gestatteten, legen heute viele Länder diese Bestimmungen zum Schutz des ungeborenen Kindes enger aus. Es gibt in der islamischen Welt zwar keine eigentliche Befürwortung der Abtreibung, aber auch kein striktes, einhelliges Verbot.

Da der Koran davon ausgeht, dass nicht nur die ersten Menschen, Adam und seine Frau von Gott geschaffen wurden, sondern auch jeder einzelne Mensch ein Geschöpf, ein Eigentum und Diener Gottes ist, kommt es grundsätzlich dem Geschöpf nicht selbst zu, seine Lebenslänge für sich selbst oder andere, die ebenfalls Eigentum Gottes sind, eigenmächtig festzulegen bzw. deren Leben vorzeitig zu beenden. Deutlich missbilligt der Koran die Tötung eines Menschen: »*Tötet euch nicht gegenseitig*« (4,29; 6,151). Er droht dem Mörder im Diesseits die Wiedervergeltung an (»*O ihr, die ihr glaubt! Es ist euch die Wiedervergeltung vorgeschrieben für die Getöteten ...*«, 2,178), sowie im Jenseits die Höllenstrafe für den, der einen anderen Muslim vorsätzlich getötet hat: »*Und wenn einer einen Gläubigen vorsätzlich tötet, ist die Hölle sein Lohn, dass er darin weile*« (4,93).

Zur Abtreibung als einer Form der Tötung eines Menschen äußert sich der Koran nicht explizit. Nur Sure 17,31 warnt die Gläubigen allgemein: *»Und tötet nicht eure Kinder aus Furcht vor Verarmung. Ihnen und euch bescheren wir (Gott) doch den Lebensunterhalt. Sie zu töten ist eine große Sünde.«* Daher, so haben Theologen geschlussfolgert, wäre die Tötung eines Fötus verboten, sobald es sich um ein »Kind«, einen Mensch handelt, dessen Glieder voll ausgebildet sind und dem eine Seele eingehaucht wurde. Wann dieser Zeitpunkt jedoch eintritt, darüber sind sich die Rechtsgelehrten, darunter die der Gründer der vier Rechtsschulen aus der frühislamischen Zeit, nicht einig.

Die hanafitische Rechtsschule (vorherrschend in der Türkei, Vorder- und Zentralasien) gestattet die Abtreibung grundsätzlich bis zum 120. Tag, manche Rechtsgelehrte schränken diese Bestimmung auf »triftige Gründe« ein, wie z. B. den Umstand, dass die Mutter noch ein Kleinkind stillt und befürchtet, ihre Milch könnte während der neuen Schwangerschaft versiegen. Die Frau begeht nur eine moralische Verfehlung bei einer Abtreibung bis zum 120. Tag, kein Verbrechen.

Die schafiitische Rechtsschule (Südostasien, Südarabien, Teile Ostafrikas) gestattet die Abtreibung bis zum 120. Tag. Für die malikitische Rechtsschule (vorherrschend in Nord- und Schwarzafrika) ist eine Abtreibung bei Einverständnis beider Elternteile bis zum 40. Tag erlaubt, danach nicht mehr. Für die hanbalitische Rechtsschule (vorwiegend in Saudi-Arabien und den Vereinigten Arabischen Emiraten) ist eine Abtreibung grundsätzlich nach dem 40. Tag verboten.

Einige schiitische Gruppierungen, wie z. B. die Is-
mailiten, gestatten die Abtreibungen überhaupt nicht.
Bei Zuwiderhandlung bestrafen sie eine Abtreibung
vor dem 40. Tag mit einer Geldstrafe. Andere schiitische
Gruppierungen wie die Zayditen gestatten sie bis zum
120. Tag, da sie eine Abtreibung bis zu diesem Zeitpunkt mit einer Empfängnisverhütung gleichsetzen.

Wer eine schwangere Frau verletzt, so dass sie ihr
Kind verliert, muss nach islamischem Recht eine Entschädigungssumme bezahlen. Dieses Geld gehört streng
genommen dem toten Kind und wird von ihm vererbt.
Ebenso muss eine Entschädigungssumme von der Familie der Frau bezahlt werden, wenn der Vater nicht mit
einer durchgeführten Abtreibung einverstanden war.

In der modernen Rechtspraxis ergeben sich hier allerdings einige Differenzen zu den Stellungnahmen
frühislamischer Juristen. Grundsätzlich steht heute der
Schutz des ungeborenen Lebens im Vordergrund, d. h.
heutige Juristen urteilen grundsätzlich konservativer
als die Autoren der frühislamischen Rechtstexte. Aus-
nahmen werden in einigen Ländern bei Gefahr für das
Leben der Mutter gemacht aufgrund von Sure 2, 233:
*»Einer Mutter darf nicht wegen ihres Kindes Schaden zuge-
fügt werden.«* In vielen Ländern sind Abtreibungen daher aus gesundheitlichen Gründen bis zum 90. Tag
möglich. In Algerien, Ägypten, Iran, Pakistan und der
Türkei sind Abtreibungen ganz verboten (eine Ausnahme gilt für eine Gefährdung für das Leben der Mutter), was allerdings nicht bedeutet, dass sie überhaupt
nicht ausgeführt würden. Eine liberale Abtreibungs-
praxis hat Tunesien bis zur Vollendung des dritten Monats. Dort sind Abtreibungen ledigen sowie verheirate-

ten Frauen grundsätzlich in den ersten drei Monaten gestattet, vorausgesetzt, ein approbierter Arzt führt sie durch. Eine Genehmigung des Ehemannes oder eines männlichen Vormundes ist hier nicht erforderlich.

Es gibt zeitgenössische Stimmen, die sich ganz gegen Abtreibungen wenden mit dem Argument, dass dem Islam durch eine Vielzahl an Kindern Stärke verliehen werde. Eine große Familie mit mehreren Söhnen ist in der islamischen Welt traditionell immer der Idealzustand. Hier wird Abtreibung mit Mord verglichen und auf die Gesundheitsgefährdung der Frau verwiesen. Andere Stimmen betrachten die Abtreibung als eine Art Geburtenkontrolle und verweisen darauf, dass auch die Prophetengefährten Geburtenkontrolle mit der Billigung Muhammads geübt hätten. Muslimische Frauenrechtlerinnen fordern das Recht auf freie Abtreibung im Rahmen der Forderung nach Selbstbestimmung ein. Die aus Sorge vor gerichtlicher Verfolgung vorgebrachte Weigerung vieler Ärzte, Abtreibungen in Kliniken durchzuführen, führen zu illegalen Eingriffen und zahlreichen Todesfällen. Es wurden zum Thema Abtreibung eine Reihe von Rechtsgutachten (Fatwas) veröffentlicht, die den einen oder anderen Standpunkt vertreten, juristisch jedoch keinen Gesetzescharakter haben und daher nicht bindend sind.

Aus christlicher Sicht: Wenn man die deutliche Verurteilung von Mord im Allgemeinen und Kindstötung im Besonderen im Koran in Betracht zieht, sowie die im Koran viele Male wiederholte Auffassung, dass der Mensch ein Geschöpf Gottes ist und von ihm zur Verantwortung gezogen wird, überrascht die doch recht große Liberalität sowohl frühislamischer als auch zeitgenössischer islamischer Theologen zum Thema Abtreibung, ebenso die Praxis der zumindest geduldeten Abtreibung in etlichen Ausnahmesituationen in zahlreichen islamischen Ländern. Im Allgemeinen werden Abtreibungen zwar als moralisch verwerflich, aber weder als wirklicher Mord noch als Totschlag beurteilt.

Adoption

Die Adoption scheint in vorislamischer Zeit gängige Praxis gewesen zu sein, wird im Koran jedoch für verboten erklärt. Daher hat die Praxis der Adoption im islamischen Bereich keine Tradition. Es können heute jedoch unter bestimmten Umständen nichtleibliche zu eigenen Kindern erklärt werden, allerdings wird diese Form der Kindesannahme nicht als Adoption bezeichnet. Die Adoption scheint außer in Tunesien und der Türkei heute noch überall verboten zu sein.

Das islamische Gesetz verbietet die Adoption im eigentlichen Sinne, also die Annahme von nichtleiblichen Kindern an Kindes Statt, sowie ihre Gleichstellung mit leiblichen Kindern. Die Begründung lautet, dass es nicht rechtens sei, Kinder ohne Kenntnis ihrer Verwandtschaft und ihrer Abstammung bei einem nichtleiblichen Vater aufwachsen zu lassen.

Die islamische Überlieferung bezeichnet einen Menschen, der sich zu einem anderen Vater als zu seinem leiblichen bekennt, als Ungläubigen und seine Tat als verwerfliche Lüge, für die ihn die Strafe des Höllenfeuers erwartet. In vorislamischer Zeit scheinen Adoptivsöhne eigenen Söhnen gleichgestellt gewesen und der Adoptivvater als eigentlicher Vater bezeichnet worden zu sein. Muhammad änderte dieses Recht, indem er festlegte, dass Adoptivsöhne nicht länger mit leiblichen Söhnen gleichgestellt werden sollten, da keine Blutsverwandtschaft bestände: Der eigentliche Vater eines Adoptivsohnes sei sein leiblicher Vater, wenn dieser nicht bekannt sei, dann sei der Adoptivsohn als »Glaubensbruder« oder »Schutzbefohlener/Schützling« zu bezeichnen, jedoch nicht als Sohn: »*Ruft sie (eure Adoptivsöhne) nach ihrem Vater! Das ist, so dünkt es Gott, am ehesten rechtmäßig gehandelt. Wenn ihr aber nicht wisst, wer ihr Vater ist, sollen sie als eure Glaubensbrüder und Schutzbefohlenen gelten*« (Sure 33,5). Damit wurde die Adoption im eigentlichen Sinne abgeschafft bzw. für unrechtmäßig erklärt. Diese Neuregelung geht vermutlich auf ein Ereignis in Muhammads eigener Familie zurück, das die islamische Geschichtsschreibung folgendermaßen berichtet:

Muhammad – dessen eigener Vater bereits vor der Geburt gestorben war – hatte selbst einen Adoptivsohn, Zaid ibn Haritha, einen arabischen Sklaven, der Muhammads erster Ehefrau, *Hadidja gedient hatte. Diese schenkte ihn später Muhammad, der großen Gefallen an Zaid fand, und ihn daher freiließ. Zaid war einer der ersten Anhänger Muhammads und wurde von Muhammad mit Zainab bint Djahsh, einer Cousine Muhammads, verheiratet. Muhammad soll seine Cousine Zainab eines Tages allein zu Hause angetroffen haben und von ihrer Schönheit sehr angetan gewesen sein.

Zaid, der davon hörte, wollte sich daraufhin von Zainab scheiden lassen, um Muhammad eine Eheschließung mit Zainab zu ermöglichen. Die Frau eines Sohnes oder Adoptivsohnes zu heiraten, verbot jedoch schon das altarabische Recht, daher wäre eine Ehe mit Muhammads Schwiegertochter, Zainab, als Inzest betrachtet worden. Der Koran berichtet daher, wie sich Muhammad vor dem Unwillen seiner Landsleute fürchtete. In diese Situation hinein erhielt Muhammad eine

Offenbarung, die ihm in dieser Frage im Unterschied zu allen übrigen Muslimen weitergehende Rechte einräumte, und zwar hinsichtlich dieser Eheschließung mit seiner Schwiegertochter als auch hinsichtlich der Zahl seiner Ehefrauen allgemein, die gemäß Sure 4,3 für jeden muslimischen Mann sonst auf vier beschränkt ist: »*Und als du zu dem, dem sowohl Gott als auch du Gnade erwiesen hatten [gemeint ist Zaid ibn Haritha], sagtest: ›Behalte deine Gattin für dich und fürchte Gott!‹ ... und Angst vor den Menschen hattest, während du eher vor Gott Angst haben solltest! Als dann Zaid sein Wollen an ihr erledigt hatte [d. h. sich von ihr geschieden hatte], gaben wir sie dir zur Gattin, damit für die Gläubigen kein Grund zur Bedrückung bestehe wegen der Gattinnen ihrer Adoptivsöhne, wenn diese ihr Wollen an ihr erledigt haben. Was Gott anordnet, wird ausgeführt. Und es besteht kein Grund zur Bedrückung für den Propheten wegen dessen, was Gott für ihn verordnet hat*« (33,37-38). Und wenige Verse weiter betont der Koran noch einmal Muhammads Sonderrechte hinsichtlich seiner Eheschließungen: »*Prophet! Wir haben dir zur Ehe erlaubt: deine Gattinnen ... was du (an Sklavinnen) besitzt ... die Töchter deines Onkels und deiner Tanten väterlicherseits und deines Onkels und deiner Tanten mütterlicherseits ... auch eine jede gläubige Frau, wenn sie sich dem Propheten schenkt und er sie (auch) heiraten will. Das gilt in Sonderheit für dich im Gegensatz zu den (übrigen) Gläubigen ... damit du dich (dabei) nicht bedrückt zu fühlen brauchst. Und Gott ist barmherzig und bereit zu vergeben. Du kannst abweisen (oder: auf später vertrösten) oder bei dir aufnehmen, wen von den Frauen du möchtest. Und wenn du eine haben möchtest, die du weggeschickt hattest, ist es keine Sünde für dich*« (33,50-51).

Nun ließ Zaid sich von seiner Frau Zainab scheiden, und Muhammad konnte etwa im Jahr 626 n. Chr. Zainab heiraten, deren Attraktivität und Stolz die Historiographen hervorheben.

Dieses Ereignis in Muhammads Leben hat in der Beurteilung seines Charakters als Vorbild für die erste muslimische Gemeinde, als Gottgesandter und Verkünder einer neuen Religion, z. T. erbitterte Kritik von Seiten der frühen Orientalistik hervorgerufen. Auch einige frühe Korankommentatoren scheinen die Problematik dieser Episode empfunden zu haben. Der berühmteste Prophetenbiograph, Ibn Ishaq (gest. 768 n. Chr.), erwähnt sie überhaupt nicht, ein weiterer wichtiger frühislamischer Historiograph, Ibn Hisham (gest. 833 n. Chr.), streift sie nur am Rande, und der für seine Frömmigkeit bekannte Korankommentator Hasan al-Basri (gest. 728 n. Chr.) hielt die Sondererlaubnis Muhammads für den »schlimmsten« aller offenbarten Verse, den er sicherlich verschwiegen hätte, wenn er nicht von Gott gekommen wäre.

Trotz des Adoptionsverbots des Korans gibt es in der islamischen Welt abgewandelte Formen der Adoption: Wenn eine Frau nach ihrer Scheidung eine Schwangerschaft feststellt und das Kind wird innerhalb einer Zeit von sechs Monaten bis höchstens zwei Jahren (sic) nach der Scheidung geboren, soll der frühere Ehemann das Kind anerkennen. Wird es nach Ablauf der Zweijahresfrist geboren, *kann* er es immer noch als sein eigenes anerkennen. Nach traditionellem islamischen Recht bleibt im Scheidungsfall ein Kind nur für wenige Jahre bei seiner Mutter: mindestens bis zum Entwachsen aus dem Kleinkindalter, höchstens bis zur

Pubertät, sofern es sich um ein Mädchen handelt. Wenn es ein Junge ist, bleibt es nicht länger als bis sieben, höchstens neun Jahre bei der Mutter. Spätestens dann kommt es zur Familie des Mannes und bleibt auch dort. Dem Mann steht nach traditioneller Rechtsauffassung das alleinige Sorge-, Unterhalts-, Verfügungs- und Umgangsrecht zu. Damit gilt auch ein Kind, das zwei Jahre nach der Scheidung geboren wird, als Kind des ehemaligen Ehemanns und wird de facto adoptiert. Ein Findelkind kann von jedermann, der es findet, als sein eigenes Kind reklamiert werden und wird, so lange das Gegenteil nicht bewiesen ist, als Freier und als Muslim betrachtet, es sei denn, das Kind ist in einem nichtmuslimischen Stadtviertel gefunden worden (so die Ausführungen des islamischen Rechts).

Eine weitere de-facto-Form der Adoption, die im Nahen Osten und auch in Nordafrika weit verbreitet sein soll, tritt ein, wenn eine arme Familie aus Not eine oder mehrere ihrer Töchter in einen begüterteren Haushalt abgibt. Sie wird dort meist schon als kleines Kind aufgenommen und hat dann eine Stellung zwischen Haushaltshilfe und Pflegekind inne. Sie wird nicht bezahlt, erhält oft nur wenig Schulbildung, aber die Familie kommt für ihren Unterhalt auf. Die leiblichen Kinder der Familie sind für sie »Bruder und Schwester«. Das Mädchen lebt dort bis zu ihrer Verheiratung, die ihre »Adoptiveltern« für sie arrangieren.

Die Fürsorge für Waisen wird im Koran lobend hervorgehoben: »*Und sie befragen dich über die Waisen. Sprich: ›Ihnen recht zu tun ist eine Tat großer Güte‹*« (2,220). Die Veruntreuung ihres Vermögens tadelt der Koran als *»große Sünde«*, für die dem Schuldigen im

Jenseits das Höllenfeuer angedroht wird: »*Und gebt den
Waisen ihr Vermögen ... und zehrt nicht ihr Vermögen auf,
indem ihr es eurem eigenen zuschlagt! Das wäre eine große
Sünde*« (4,2+10). Wer begütert ist, soll das Vermögen
der Waisen gar nicht antasten, wer arm ist, kann im
begrenzten Maße daraus Nutzen ziehen (4,6). Wenn
Waisen das Heiratsalter erreicht haben, soll ihnen ihr
Vermögen ausbezahlt und nicht etwa zuvor eigenmächtig aufgebraucht werden (4,6).

'Aischa

*'Aischa Bin Abi Bakr (ca. 614-678 n. Chr.) war die dritte
Ehefrau Muhammads und die Tochter Abu Bakrs, einer ein-
flussreichen Persönlichkeit der frühislamischen Geschichte.
Abu Bakr war einer der engsten Vertrauten und Heerführer
Muhammads, der nach dessen Tod 632 n. Chr. sein Nach-
folger, der erste Kalif, wurde.*

Bei der Eheschließung soll die in Mekka geborene
'Aischa nach Berichten der islamischen Überlieferung
erst sechs, höchstens sieben Jahre alt gewesen sein und
noch mit Puppen gespielt haben. Die Ehe soll Muhammad, der bei dieser Eheschließung bereits etwa 50
Jahre alt war, mit ihr »erst« im Alter von neun Jahren
vollzogen haben, einige Monate nach der Auswande-
rung der muslimischen Gemeinde von Mekka nach Medina im Jahr 622 n. Chr. (der hidjra). Dieses Alter von
neun Jahren galt in früheren Zeiten als allgemeiner und
heute noch in konservativen Kreisen als frühstmög-
licher Zeitpunkt zur Eheschließung, da Muhammads
Heiratspraxis prinzipiell als »sunna«, also für alle Muslime maßgebliches Vorbild gilt, das nachgeahmt werden soll.

'Aischa stellt insofern eine Ausnahme in Hinblick
auf die übrigen Heiraten Muhammads dar, als dass er —
wie muslimische Apologeten stets betont haben — alle
Frauen nach Hadidja nicht aufgrund persönlicher
Neigung geheiratet haben soll, sondern um den Witwen
seiner Kampfgenossen Versorgung zu bieten, die sie

teilweise aufgrund ihrer Zugehörigkeit zur muslimischen Gemeinde in ihrer Herkunftsfamilie nicht mehr finden konnten. 'Aischa war allerdings weder eine Witwe noch hätte sie nicht anderweitig verheiratet werden können.

Muhammad heiratete 'Aischa nach dem Tod seiner ersten Frau * Hadidja bint Huwaylid (gest. ca. 619 n. Chr.) und der Eheschließung mit der etwa 30-jährigen Witwe Sauda bint Zam'a. Eine bereits bestehende Verlobung 'Aischas wurde gelöst. Als Muhammad im Jahr 632 starb, war 'Aischa ungefähr 18 Jahre alt und soll, da das später mit einer Offenbarung des Korans allen Frauen Muhammads verboten worden war, später nicht mehr geheiratet haben.

'Aischa gilt aufgrund ihrer Frömmigkeit als Vorbild aller anderen Frauen. Auch in Poesie und Redekunst soll sie nach der Überlieferung sehr bewandert gewesen sein. Sie gehört als Gattin Muhammads zu den * »Müttern der Gläubigen« (arab. »umm al-mu'minin«). Der Name 'Aischa (türkisch: Aysche) ist bei sunnitischen Muslimen bis heute sehr beliebt. Bei schiitischen Muslimen wird er dagegen vermieden, da ihnen 'Aischa als Tochter und Protagonistin des ersten Kalifen Abu Bakr gleichzeitig als Feindin 'Alis gilt, des Cousins und Schwiegersohns Muhammads, der nach schiitischer Auffassung der erste Nachfolger (Kalif) Muhammads hätte werden müssen.

Während die übrigen Frauen Muhammads weitgehend im Schatten der Geschichte bleiben, spielt 'Aischa insofern eine wichtige Rolle, als sie häufig in den Überlieferungstexten erwähnt wird. Noch bedeutender ist jedoch, dass etwa 300 Überlieferungen mit histori-

schen wie autoritativ religiösen Inhalten auf sie als
Überlieferer zurückgeführt werden. Diese Traditionen
finden sich in den offiziellen sunnitischen Überlie-
ferungssammlungen (auch bei den bedeutendsten
Sammlern Buhari und Muslim). Keine Anerkennung
genießen die auf 'Aischa zurückgeführten Überlieferungen allerdings bei den Schiiten.

Nach Muhammads Tod soll 'Aischa versucht haben,
auf die Lösung der Nachfolgefrage Einfluss zu nehmen.
Nach der Ermordung des dritten Kalifen 'Uthman (regierte 644-656 n. Chr.) soll sie gegen 'Ali agiert und
656 auch an der berühmten »Kamelschlacht« gegen 'Ali
teilgenommen haben, in der er sich jedoch militärisch
behaupten konnte und daher noch im selben Jahr zum
vierten Kalifen ausgerufen wurde.

Von 'Aischa berichtet die Überlieferung überein-
stimmend, dass sie eine sehr schöne Frau und zudem
die erklärte Lieblingsfrau Muhammads gewesen sei,
was die Eifersucht dessen übriger Ehefrauen zur Folge
hatte. Zwar ermahnt der Koran ausdrücklich alle Muslime, die mit mehreren Ehefrauen verheiratet sind, sie
gleichermaßen gerecht zu behandeln (Sure 4,3). Die
»gerechte Behandlung« bezieht sich nach Auffassung
muslimischer Theologen auf die Versorgung mit Nahrung, Kleidung und ehelicher Zuwendung. 'Aischa
scheint jedoch von Muhammad zeitlebens bevorzugt
worden zu sein. Muhammads zweite Ehefrau, Sauda
bint Zam'a, soll 'Aischa ihr zustehende Nächte mit
Muhammad überlassen haben, aber auf 'Aischa eifer-
süchtig gewesen sein. Auch soll sie eine der wenigen
Personen gewesen sein, die es sich erlauben konnten,
Muhammad zu widersprechen.

Bekannt ist auch eine Episode, die sie beinahe das Leben gekostet hätte: Bei der Rückkehr von einem Kriegszug im Jahr 627, auf dem sie Muhammad begleitet hatte, soll sie kurz vor Medina auf der Suche nach einer Halskette allein zurückgeblieben und später von einem jungen Mann, Safwan b. al-Mu'attal al-Sulami, mit dem sie nicht verwandt war, zum Heer zurückbegleitet worden sein. Da diese Situation — das Alleinsein einer Frau mit einem Mann — als Vergehen aufgefasst und 'Aischa die Verantwortung dafür zugewiesen wurde, entstanden zahlreiche Gerüchte, und 'Aischa geriet in den Verdacht des Ehebruchs. In dieser Situation, da ihr etliche Personen aus Muhammads Umfeld hart zusetzten, Muhammad selbst offensichtlich Zweifel an 'Aischas Integrität hegte und seine Gefolgsleute von ihm eine Verurteilung 'Aischas erwarteten, erhielt er eine Offenbarung, die die Verdächtigungen 'Aischas als »Lüge« und »Verleumdung« bezeichnete, Muhammad die Unschuld 'Aischas bestätigte und dabei festlegte, dass zum eindeutigen Erweis eines Ehebruchs vier Zeugen nötig seien, womit 'Aischas Unbescholtenheit als erwiesen galt: »*Diejenigen, die die Lüge vorgebracht haben, sind eine gewisse Gruppe von euch ... Hätten doch, als ihr es hörtet, die gläubigen Männer und Frauen eine gute Meinung voneinander gehabt und gesagt: ›Es ist doch eine offenkundige Lüge!‹ Hätten sie doch darüber vier Zeugen beigebracht! Da sie aber die Zeugen nicht beigebracht haben, sind sie es eben bei Gott, die lügen ... Als ihr es mit eurer Zunge aufgegriffen habt und ihr mit eurem Mund das gesagt habt, wovon ihr kein Wissen hattet, und es als eine leichte Sache betrachtet habt, während es bei Gott eine ungeheuerliche Sache ist ... Gott ermahnt euch, nie wieder so etwas zu tun, so ihr gläubig seid ... Für diejenigen, die es gern möchten, dass sich das Schändliche unter den Gläubigen verbreitet, ist eine schmerzhafte Pein bestimmt im Diesseits und Jenseits ... Schlechte Frauen gehören zu schlechten Männern ... gute Männer gehören zu guten Frauen. Diese werden freigesprochen von dem, was man redet...«* (24, 11 - 26).

Als Muhammads Tod näher rückte, soll er nach der Überlieferung mit Erlaubnis seiner übrigen Frauen seine letzten Stunden in 'Aischas Zelt verbracht und dort am 8. 6. 632 n. Chr. (dem 13. Rabi'I des Jahres 11 der »hidjra« nach islamischer Zeitrechnung) in 'Aischas Schoß gestorben und in ihrem Wohnbereich begraben worden sein.

Die ungefähr 18-jährige 'Aischa hatte zu diesem Zeitpunkt keine Kinder. Sie lebte weitere 46 Jahre als Witwe und starb im Jahr 678 in Medina.

Bad/Badehaus

Das Badehaus (arab. hammam) ist eine öffentliche Ein-richtung mit getrennten Öffnungszeiten für Männer und Frauen, die von jedermann besucht werden kann. Größere Badehäuser sind nicht nur eine öffentliche Badeanstalt, son-dern haben zusätzliche Räume für Dampfbäder, Güsse oder Massagen.

In vergangenen Jahrhunderten hatte das öffentliche »Hammam« zum einen große Bedeutung, weil es inner-halb einer Wohnung oder eines Hauses nur selten ein Bad gab (ein Palast hatte selbstverständlich ein eigenes Hammam), zum anderen aber auch deshalb, weil nach einer »großen rituellen Verunreinigung« (wie sie z.B. durch Geschlechtsverkehr, Geburt oder Menstruation eintritt) zur Wiedererlangung der rituellen Reinheit eine »große Waschung« mit dem vollständigen Eintau-chen des gesamten Körpers in Wasser erforderlich ist. Erst dann ist dem Gläubigen wieder erlaubt, einen Koran zu berühren, das rituelle Gebet zu verrichten, zu fasten oder eine Moschee zu betreten (* Unreinheit, rituelle). Durch seine Funktion als Institution, die die Voraussetzungen zur korrekten Religionsausübung schafft, wird der Besuch des Hammam selbst zu einer Art sakralen Handlung, teils religiöse Erfordernis, teils Zeitvertreib und Vergnügen.

In größeren Städten gibt es meist für Männer und Frauen getrennte Badehäuser oder aber unterschied-liche Benutzungszeiträume. Zur Frauenbadezeit ist das

Personal ausschließlich weiblich, zur Männerbadezeit männlich. Kleinere Kinder gehen mit der Mutter zum Badehaus, später nach Geschlechtern getrennt mit Vater oder Mutter.

Ein Badehaus, dessen Wurzeln vermutlich in der Antike liegen, kann je nach Ausstattung eine einfache Badeanstalt mit Ruheraum sein, aber auch verschiedene Abteilungen für Dampfbäder, Massagen und Heiß-, Warm- oder Kaltwasserbehandlungen haben. Auch Braut und Bräutigam besuchen kurz vor der Hochzeit getrennt mehrmals das Hammam. Hier werden die insbesondere für die Hochzeit, aber auch allgemein im Islam üblichen Enthaarungen durchgeführt, der Bart geschnitten und Braut und Bräutigam auf die Hochzeit vorbereitet.

Öffentliche Badehäuser waren vor allem in der Vergangenheit für Frauen auch eine Nachrichtenbörse, in der über den Kreis der eigenen Familie hinaus Neuigkeiten ausgetauscht wurden. Der Besuch des Badehauses war angesichts des meist eingeschränkten Bewegungsspielraumes der Frauen ein anerkannter Grund zum Verlassen des Hauses. Nicht selten sollen Mütter hier erste Sondierungsgespräche für die traditionell ihnen obliegenden Eheanbahnungen ihrer Kinder geführt haben. Heute hat durch das vermehrte Vorhandensein privater Bäder vor allem im städtischen Bereich die Bedeutung des Hammam deutlich nachgelassen.

Beschneidung

Die Beschneidung (arab. »hitan«, bei Frauen auch als »hifad« bezeichnet) wird im Koran explizit nirgends gefordert, und zwar weder für Jungen noch für Mädchen. Die Überlieferung (z. B. Buhari oder Muslim) spricht jedoch von der Beschneidung, z. B. von der Beschneidung Ibrahims. Sie wird dort empfohlen und gilt als verdienstvolles Werk.

Auch in vorislamischer Zeit wird die Beschneidung mit großer Wahrscheinlichkeit auf der Arabischen Halbinsel, aber auch darüber hinaus (z. B. in Schwarzafrika oder Indonesien) praktiziert worden sein. Die vorislamische Poesie erwähnt sie ebenso als selbstverständliche Praktik wie die Überlieferung. Eine islamische Überlieferung von Ahmad Ibn Hanbal bezeichnet die Beschneidung für Jungen als »sunna« (als nachzuahmende Sitte, Brauch, Gewohnheit), die Beschneidung für Mädchen als »ehrenvolle« Handlung. Eine andere Überlieferung berichtet, Muhammad sei beschnitten geboren worden. Die Beschneidung variiert je nach Rechtsschule, Land, Region und den einzelnen Familien.

Bei Jungen

Da die Beschneidung als »sunna« (nachzuahmende Gewohnheit, Sitte) betrachtet wird, gilt sie für die gesamte islamische Welt für Jungen als obligatorisch, wird aber auch von Nichtmuslimen im Nahen Osten, wie z. B. koptischen Christen, durchgeführt.

Die Beschneidung wird mit einem Familienfest, je nach Stand und Vermögensverhältnissen der Familie mehr oder weniger aufwendig, teilweise auch mit einer Straßenprozession gefeiert. Theoretisch ist die Feier bereits im ersten Lebensjahr (z. B. nach 7 oder 40 Lebenstagen) möglich, findet jedoch meist erst statt, wenn der Junge zwischen vier und zehn Jahren (allerhöchstens 12 bis 14 Jahre) alt ist. Manchmal wird das Beschneidungsfest für mehrere Brüder und Cousins im ungefähr gleichen Alter aus Kostengründen gemeinsam gefeiert. Der Junge trägt an diesem Tag einen besonderen, festlichen Anzug und wird (manchmal von einem besonderen »Beschneidungspaten«, wie in der Türkei üblich) mit Geschenken und Süßigkeiten über den Schmerz hinweggetröstet. Die Operation wird traditionell vom Barbier (Friseur) durchgeführt, heute jedoch auch von medizinischem Fachpersonal. Danach gehört der Junge zur Gesellschaft der Männer, gilt als vollwertiges Mitglied der muslimischen Religionsgemeinschaft und wird mehr und mehr in die Pflichten seines Glaubens eingeführt. Ob z. B. das rituelle Gebet von Unbeschnittenen vor Gott gültig ist, darüber herrscht keine Einigkeit unter Religions- und Rechtsgelehrten.

Obwohl jedes Kind muslimischer Eltern prinzipiell als Muslim betrachtet wird, bezeichnet doch die Beschneidung für den Sohn den Tag der vollgültigen Aufnahme in seine Religionsgemeinschaft. Er wird vom Vater in das rituelle Gebet eingewiesen, übt sich jedes Jahr etwas länger im Fasten im Monat Ramadan und ist mit Abschluss der Pubertät und eintretenden Volljäh-

rigkeit zur Einhaltung der fünf Pfeiler des Islam verpflichtet (Bekenntnis zu Gott, fünfmal tägliches rituelles Gebet, Fasten im Ramadan, Almosen, Pilgerfahrt
nach Mekka).

Bei Mädchen

Über die Beschneidung von Mädchen sagt der Koran
nichts aus. Die Überlieferung gibt allerdings Hinweise
auf diese Praxis, die möglicherweise in den traditionellen afrikanischen Religionen ihren Ursprung hat
und von dort in den Islam übernommen worden sein
könnte. In Ägypten jedenfalls wurde die Mädchenbeschneidung schon zur Zeit der Pharaonen durchgeführt. Der »Vater der islamischen Rechtswissenschaft«,
ash-Shafi'i, betrachtet sie allerdings auch für Mädchen
als »verpflichtend«.

Trotz eines heute bestehenden offiziellen staatli-
chen Verbotes in etlichen islamischen Ländern wird die
Mädchenbeschneidung in größerem oder kleinerem
Umfang in mehreren Ländern praktiziert, und zwar
vorwiegend in Ägypten, in einigen Ländern Schwarz-
afrikas, insbesondere in Somalia, im Sudan sowie bei
den Beduinen. In Ägypten wurde die Mädchenbeschneidung 1959 gesetzlich verboten, jedoch vor einigen Jahren wieder zugelassen. Da viele Mädchen an
den Folgen einer laienhaft ausgeführten und unter ka-
tastrophalen hygienischen Bedingungen vollzogenen
Beschneidung starben, schien die durch die offizielle
Erlaubnis wieder im Krankenhaus durchführbare Beschneidung das »kleinere Übel« zu sein.

Bei der »milderen« Form der Beschneidung wird die Klitoris und eventuell ein Teil der kleinen Schamlippen entfernt. Bei der radikalen Form werden Klitoris, kleine und große Schamlippen entfernt und die Scheide bis auf eine kleine Öffnung für das Blut der Menstruation und den Urin vernäht. Diese Operation wird im Alter von fünf bis zehn Jahren und zumindest im ländlichen Bereich meist unter äußerst primitiven medizinischen Bedingungen von einer älteren Frau im Dorf durchgeführt. Gesundheitliche Folgen wie Infektionen, Verwachsungen und Blutvergiftungen mit Todesfolge sind nicht selten das Ergebnis. Wurde die radikalere Form der Beschneidung durchgeführt, muss vor der Heirat die kleine Öffnung durch eine erneute Operation erweitert werden. Nach einer Geburt wird manchmal erneut operativ verschlossen. Oft lebenslange Schmerzen, Schwierigkeiten bei der Menstruation und Geburt, Infektionen und tief greifende seelische Traumen sind die Folge, die von vielen betroffenen Frauen erschütternd geschildert wurden.

Es gibt Überlieferungen, die anmahnen, bei Mädchen die mildere Form der Beschneidung anzuwenden, aber auch solche, die die Vorzüge einer Beschneidung als solche hervorheben: »*Die Beschneidung ist sunna für die Männer, eine gute Gabe für die Frauen.*«

Die Mädchenbeschneidung wird niemals von einem Fest begleitet. Sie ist Frauenangelegenheit und wird in der Öffentlichkeit nicht thematisiert. Verteidiger der Mädchenbeschneidung nennen die Bewahrung der Keuschheit eines Mädchens vor der Ehe sowie die Mäßigung des (wie viele Theologen annehmen, übermäßigen) sexuellen Verlangens der Frau, das vor der Ehe leicht zu Unzucht und in der Ehe zu Ehebruch führen kann. Auch in Familien, in denen die Mutter selbst eine Beschneidung erleben musste und diese von ihren Töchtern abwenden möchte, wird entweder der Druck der Umwelt so groß, dass die Töchter letztlich als unrein, zügellos und nicht ehefähig gelten und damit kaum noch zu verheiraten sind, oder aber die Verwandtschaft greift ein und praktiziert die Beschneidung auch gegen den Willen der Mutter.

Es ist zwar zutreffend, dass die Mädchenbeschneidung nicht als etwas eigentlich Islamisches betrachtet werden kann und in Afrika nicht durch den Islam aufkam. Trotzdem hat der Islam manche Bräuche und Praktiken vormals nichtislamischer Volksgruppen aufgegriffen und in den Islam integriert. So wurde die Beschneidung für Mädchen auch unter muslimischen Volksgruppen, von denen sie praktiziert wird, zum Kennzeichen echter Keuschheit und wahren Anstands und damit zu einer islamischen Kerntugend erhoben. Nicht sittsames Verhalten und Anstand an sich sind damit zum Maßstab korrekten religiösen Verhaltens geworden, wie in islamischen Ländern, die die Beschneidung nicht praktizieren, sondern erst die Beschneidung garantiert Sitte und Anstand und wird damit zum eigentlichen Merkmal islamischer Frömmigkeit für Frauen und Mädchen.

Für einen Sohn ist seine Beschneidung also letztlich eine ehrenvolle Angelegenheit, die mit einem begrenzten Schmerz, einem Fest und Geschenken, sowie Zuwachs an Ansehen und Erwachsensein einhergeht. Für Mädchen dagegen ist die Beschneidung immer ein äußerst schmerzhafter, folgenschwerer, traumatischer, ja manchmal todbringender Eingriff, mit dem weder ein Zuwachs an Ehre und Ansehen, weder Geschenke noch ein Fest einhergehen. Stattdessen kämpft das Opfer oft sein Leben lang mit gesundheitlichen Komplikationen und einer leidvollen Erfahrung, die ihm seine Umwelt völlig unnötigerweise aufgezwungen hat.

Ehe und Familie

»Und zu seinen Zeichen gehört es, dass er euch aus euch sel-
ber Gattinnen geschaffen hat. Und er hat bewirkt, dass ihr
(Mann und Frau) einander in Liebe und Erbarmen zuge-
tan seid« (30,21). Die Ehe gilt im Islam als Gottes Werk
und ein Zeichen seines Handelns. Die Ehe ist zwar kein
Sakrament, gehört aber eigentlich zur Religionserfüllung
dazu, denn zu heiraten und eine Familie zu gründen, ist
nicht nur aus praktischen Gründen empfehlenswert, son-
dern gilt vor Gott auch als verdienstvolle Handlung.

Die Familie

Ehe und Familie nehmen im Islam und in der nahöstlichen Gesellschaft eine zentrale Stellung ein. Die Familie ist das Herzstück der Gesellschaft, und das gilt in der
islamischen Welt umso mehr, als der Familienzusammenhalt (teilweise noch in der traditionellen Großfamilie) erheblich größer und das soziale Netz des Staates
gleichzeitig weit weniger tragfähig ist als in der westlichen Welt. Mit dem engeren Familienzusammenhalt
sind jedoch auch die Rollen und Pflichten der einzelnen Familienmitglieder ungleich stärker festgelegt
und abweichendes Verhalten wird weniger toleriert als
in der westlichen Welt.

Man verbringt innerhalb und außerhalb des Hauses
viel Zeit miteinander; das einzelne Familienmitglied ist

kaum je alleine. Die Familie sorgt für ihre einzelnen Mitglieder mit einer oft beispiellosen Solidarität, steht für sie nach außen ein, kommt für sie auf in Zeiten der Not, steht aber ihrerseits auch unter dem Druck, auftretende Konflikte innerhalb und außerhalb der Familie in Übereinstimmung mit den allgemein gültigen gesellschaftlichen Normen zu lösen, um als ganze Familie wiederum Anerkennung in der Gesellschaft zu finden.

Jedes Familienmitglied nimmt seinen ihm zugewiesenen Platz in der Hierarchie ein, an dessen Spitze unbestritten der Vater als das Familienoberhaupt steht (* Mann), dem alle Mitglieder hohen Respekt schuldig sind. Seine Ehefrau ist ihm prinzipiell zu Gehorsam verpflichtet (* Frau), kann aber wie der Vater von den Kindern und ihr untergeordneten Familienmitgliedern wie etwa einer Schwiegertochter ebenfalls Respekt und Gehorsam erwarten. Nach einer Überlieferung ist der Gehorsam gegenüber dem Ehemann der Schlüssel zum Paradies für die Ehefrau: »*Wenn eine Frau stirbt, während ihr Ehemann mit ihr zufrieden ist, wird sie ins Paradies eingehen.*« Oder: »*Der Prophet sagte einmal zu einer Frau: ›Gib Acht, wie du deinen Ehemann behandelst, denn er ist dir Paradies und Hölle.‹*«

Von den Kindern wird in ihrem Verhalten gegenüber den Eltern prinzipiell Respekt und Gehorsam erwartet, den besonders der Vater nach allgemeiner Auffassung auch mit Züchtigung durchzusetzen berechtigt ist. Der Strenge des Vaters steht jedoch auf der anderen Seite eine große Liebe zu seinen Kindern gegenüber. Mit zunehmendem Alter genießen insbesondere die Söhne, auf die die Väter nicht selten sehr stolz sind, mehr Freiheiten. Sie achten jedoch darauf, dabei nicht

die Regeln des Respekts zu verletzen. Sie sprechen höflich und bedacht mit ihrem Vater und äußern Widerspruch allenfalls sachlich und vorsichtig, damit der Vater nicht sein Gesicht vor ihnen verliert oder durch herabsetzende Kritik in seiner Position angegriffen wird.
Der Respekt kann auch gewahrt werden, wenn seine
Söhne dafür sorgen, dass der Vater nicht direkt mit dem
konfrontiert wird, was nicht seinem Willen entspräche.

Töchter unterstehen der Kontrolle der Eltern weitaus mehr und sind stärker ans Haus gebunden als
Söhne. Sie werden in aller Regel weniger Gelegenheit
zu Ungehorsam und Auflehnung und wohl auch größeren Respekt vor dem Zorn und möglichen Verboten des
Vaters haben. Ältere haben ganz allgemein mehr Autorität als jüngere, Männer mehr als Frauen.

Da * Ehelosigkeit in der islamischen Welt die absolute Ausnahme darstellt, ist das Leben im Familien-
verbund die Regel. Selbst Ledige oder Geschiedene leben selten alleine — obwohl diese Lebensform in neues-
ter Zeit in einigen Großstädten zuzunehmen scheint —
sondern werden in einen bestehenden Familienver-
bund integriert. Auch sie nehmen einen bestimmten
Rang ein und beteiligen sich als Frauen an Hausarbeit
und Kindererziehung bzw. als Männer nach Möglichkeit an der Erwerbsarbeit. Gerät ein Familienmitglied
in eine wirtschaftliche oder soziale Notlage, kann es
sich — auch der langfristigen — praktischen und moralischen Unterstützung der ganzen Familie sicher sein.
Dafür unterliegen das Verhalten und die Entscheidungen des Einzelnen auch in viel stärkerem Maß dem
Urteil und manchmal auch dem Mitspracherecht der
Familie als ganzer. Sie wird darauf achten, dass der

Einzelne nicht mit den gesellschaftlichen und religiösen Normen ihres Umfeldes zu stark in Konflikt gerät.

In der bei weitem vorherrschenden traditionellen
Ehe ist der Mann verpflichtet, den Lebensunterhalt für
die Familie zu verdienen, während die Frau ihrerseits
rechtlich dazu nicht gezwungen, ja nach Meinung einiger Theologen noch nicht einmal darum gebeten werden kann. Die Ehefrau hat ihrerseits die Pflicht, sich um
den Haushalt und die Kinder zu kümmern, wobei die
Erziehung der Söhne etwa ab dem siebten Lebensjahr
mehr und mehr vom Vater wahrgenommen wird. Beide
Lebens- und Aufgabenbereiche sind deutlich voneinander abgegrenzt.

Heirat/Heiratsalter (s. auch *Hochzeit)

Aufgrund der Eheschließung Muhammads mit seiner
»Lieblingsfrau« *'Aischa im Alter von 6 bzw. 9 Jahren,
konnte in der Vergangenheit ein Mädchen prinzipiell
ab 9 Jahren verheiratet werden, was heute in vielen Be-
reichen sicher mehr und mehr abnimmt. Etliche islamische Länder schreiben heute ein gesetzliches Mindest-
alter für Mädchen von etwa 14 bis 16 Jahren, für Jungen von 16 bis 18 Jahren für die Eheschließung vor, was
nicht in jedem Fall eingehalten wird. Insgesamt geht
der Trend in jedem Fall dort, wo Mädchen ein vermehr-
ter Schulbesuch möglich ist, zu späteren Eheschließungen.

Traditionell wird die Ehe von den Eltern arrangiert
und der Prozess der Eheanbahnung von der Mutter des
Bräutigams in Gang gesetzt. Ein Mädchen soll nach der

Überlieferung nicht gegen ihren Willen verheiratet werden, wobei Schweigen traditionell als Zustimmung galt. Wenn ein Mädchen einen Bewerber entschieden ablehnt, wird es ihr — je nach Vermögensverhältnissen, Lebenssituation und Einstellung der Familie — meist möglich sein, einmal die Heirat zu verweigern (es sei denn, der Vater hat wichtige Gründe für die Verbindung), aber gegen die Eheschließung an sich mit einem zweiten oder dritten Bewerber wird sie kaum noch Bedenken vorbringen können.

Sollten sich im städtischen Bereich Braut und Bräutigam bereits kennen und ihr Versuch, eine Ehe offiziell zu arrangieren, bei ihren Eltern auf wenig Gegenliebe gestoßen sein, kann es geschehen, dass der zukünftige Ehemann die Braut mit ihrem Einverständnis entführt. Wenn beide dann nach ein bis zwei Tagen wieder auftauchen, wird einer Heirat meist nichts mehr entgegengesetzt. Heiratet der Bräutigam anschließend das Mädchen jedoch nicht, hat sie alles verloren (vor allem ihren guten Ruf) und kann kaum noch anderweitig verheiratet werden. Wird das Mädchen gegen ihren Willen entführt, aber dann nicht geheiratet, entsteht häufig eine Blutfehde zwischen beiden Familien, da die Ehre der ganzen Familie beschmutzt wurde.

Hat die Mutter des Bräutigams die Ehe angebahnt und sind beide Familien zu einer Übereinkunft über die Höhe des Brautgeldes (arab. mahr) und den Hochzeitstermin gekommen, beginnen die Vorbereitungen für die Eheschließung. Von der Braut wird in allererster Linie erwartet, dass sie Jungfrau und gesund ist, sich zurückhaltend und respektvoll verhält und alle Fertigkeiten beherrscht, die für eine Haushaltsführung er-

wartet werden können. Auch der Ruf der Brautmutter
ist von Bedeutung, da man davon ausgeht, dass ihre moralische Haltung Einfluss auf die Erziehung der Tochter
hatte.

Vom Bräutigam wird erwartet, dass er nicht als gewalttätig, als Trinker oder Nichtsnutz bekannt ist und
einer Arbeit nachgeht, mit der er seine zukünftige Familie ernähren kann. Sein moralischer Lebenswandel
soll nicht Stadtgespräch sein, aber prinzipiell werden
daran weit weniger strenge Maßstäbe angelegt als an
den Ruf des Mädchens.

Die Eheschließung/Die Ehepartner

Es wird immer noch als vorteilhaft angesehen, eine Ehe
zwischen Cousin und Cousine zu arrangieren und zwar
aus mehreren Gründen: Zum einen bleibt auf diese
Weise das Vermögen der Brautgabe der erweiterten Familie erhalten. Sodann kennt die Familie den Sohn des
Vaterbruders meist besser als einen Außenstehenden
und kann leichter einschätzen, ob das Gelingen dieser
Ehe wahrscheinlich erscheint, und nicht zuletzt sind
auch die Einflussmöglichkeiten des Brautvaters im
Konfliktfall auf den Vater des Bräutigams oder den
Bräutigam selbst größer und damit eine Scheidung
leichter abzuwenden als in der Verbindung mit einer
fern stehenden Familie. Außerdem wird bei einer
Heirat innerhalb der eigenen Großfamilie die für eine
Ehe als vorteilhaft betrachtete ungefähre Ebenbürtig-
keit der Herkunft, des Vermögens, der Bildung u. ä.
eher gewährleistet sein als bei einer Verbindung nach

außen. In all diesen Dingen soll die Frau dem Mann nicht überlegen sein, empfehlen muslimische Theologen (wie z. B. al-Ghazali).

Die romantische, individuelle Liebe zwischen zwei Menschen steht bei einer Eheanbahnung und Eheschließung nicht im Mittelpunkt, ja, sie kommt manchmal gar nicht zum Tragen. In einer guten Ehe, so sagt man, kommt die Liebe mit der Zeit, ist aber weder Voraussetzung zur Eheschließung noch Garant für eine gute Ehe oder deren Bestand.

Wird die Ehe auf traditionelle Weise arrangiert, kennen sich die Brautleute nur aus Kindertagen oder auch gar nicht (in den Städten lernen sich heute mehr und mehr Paare vor der Hochzeit kennen). Es geht herkömmlicherweise um die Verbindung zweier Familien, die gut überdacht werden muss und die Erfüllung der von Gott vorgegebenen Rolle in der Gesellschaft als Ehemann und Ehefrau, später als Vater und Mutter. Es geht um die Abwehr von gesellschaftszersetzender Unzucht und die Schaffung eines legitimen Rahmens für das Aufwachsen der Kinder. Auch die innerhalb der Familie geregelte Versorgung der alt gewordenen Eltern ist eine gesellschaftlich gegebene Rahmenbedingung, die das Eingehen einer Ehe als das nächst liegende erscheinen lassen.

Ehevertrag

Vor der Eheschließung wird zwischen beiden Familien ein Ehevertrag aufgesetzt, der am Hochzeitstag vom Bräutigam und dem gesetzlichen Vertreter der Braut unterzeichnet wird. Die wichtigste Klausel des Ehevertrags bestimmt die Höhe des Brautgeldes, das die Familie des Bräutigams am Tag der Hochzeit auf einmal oder in zwei Raten (am Tag der Hochzeit als Morgengabe und am Tag der möglichen Scheidung als Abendgabe) an die Braut auszahlt, damit sie im Fall einer Scheidung nicht mittellos zurückbleibt. Brautväter drängen nicht selten auf hohe Brautgelder, damit ihre Tochter im Scheidungsfall abgesichert ist und sie die älter werdende Tochter nicht mit leeren Händen erneut in ihre Familie aufnehmen müssen. Hohe Brautpreise zögern u. U. bei angespannter wirtschaftlicher Lage die Eheschließung vieler Männer über Jahre hinaus, sodass in einigen Ländern Sozialfonds eingerichtet wurden, die einen Zuschuss an mittellose heiratswillige Männer auszahlen können. Eine Gütergemeinschaft in unserem Sinne besteht nicht, die Ehefrau behält, was sie bei Eheschließung als Brautgeld erhalten hat, alles andere gehört ihrem Ehemann und seiner Familie.

Heute werden in Eheverträge nicht selten Klauseln aufgenommen, die der Frau das Recht auf Scheidung für den Fall zugestehen, dass der Mann eine zweite Frau hinzuheiratet. Frauen, die sich zum Zeitpunkt der Heirat in der Ausbildung befinden, lassen sich das Recht auf deren Beendigung oder die Erlaubnis zur Arbeit außer Haus vertraglich zusichern. Folgt der Ehemann nicht diesen Vorgaben, wird die Ehe geschieden. Die letzten beiden Punkte werden nur vor dem Hintergrund der Gehorsamspflicht der Ehefrau ihrem Ehemann gegenüber und der alleinigen familiären Entscheidungsgewalt des Mannes verständlich.

Die Braut kann, muss aber nicht, bei der Eheschließung dabei sein. Traditionell wird die Ehe vor einem

Imam (Moscheevorsteher, Vorbeter) in Anwesenheit
von — in aller Regel — zwei männlichen oder einem
männlichen und zwei weiblichen Zeugen geschlossen.
Die Ehe wird — rein rechtlich — zwischen dem Bräutigam und einem männlichen Vertreter der Braut (ihrem
Vater, Bruder, Onkel oder einem Richter o. ä.) geschlossen und erhält ihre Gültigkeit durch das »Angebot« und
die »Annahme« des Vertrages durch beide Parteien.
Diese religiöse Form der Eheschließung ist überall in
der islamischen Welt eine gültige Eheschließung. Nur
in der Türkei ist zusätzlich eine offizielle staatliche
Registrierung erforderlich (dort heißt die religiöse
Eheschließung »Imam-Ehe«), in einigen anderen
Ländern wird sie ebenfalls vermehrt angestrebt.

Die Eheschließung ist der Abschluss eines zivil-
rechtlichen Vertrages, nicht eine geistliche Handlung,
die mit einer Eheschließung grundsätzlich nicht verbunden ist. Bei der Eheschließung wird manchmal die
erste Sure (die Fatiha) zitiert, aber kein besonderer
Segen Gottes erbeten und auch kein Eid — wie in christlichen Eheversprechen — für lebenslange Gemeinschaft
gegeben. Im Gegenteil, der Ehevertrag enthält bereits
eine Klausel für die Zahlung der restlichen Brautgabe
am Tag der Scheidung. Auch das christliche Treueversprechen fehlt, obwohl zumindest von der Ehefrau
absolute Treue erwartet wird. Keiner der Ehepartner
leistet jedoch einen ehelichen Treueeid vor Gott.
Auch der Ehering — im christlich-westlichen Bereich
ein Symbol ewiger Treue — existiert in der islamischen
Welt traditionell nicht oder wird allenfalls in abge-
wandelter Form als westliche Modeerscheinung übernommen.

Bei den Schiiten wird zudem eine Sonderform, die nur für einen begrenzten Zeitraum geschlossene Ehe praktiziert, die *Zeitehe (arab. mut'a-Ehe = Genuss-Ehe).

Religionsverschiedene Ehe

Die Ehe sollte zwischen zwei Menschen ungefähr gleichen familiären, gesellschaftlichen und möglichst auch religiösen Hintergrundes geschlossen werden. Prinzipiell sind auch religionsverschiedene Ehen möglich, obwohl eine Ehe zwischen Muslimen als vorteilhafter betrachtet wird. Die bireligiöse Ehe ist im Islam nur in der Form erlaubt, dass ein muslimischer Mann eine christliche oder jüdische Frau heiratet, eine Frau von den »Schriftbesitzern«, die von Gott mit dem Alten bzw. dem Neuem Testament eine Offenbarung erhalten haben. Muslimische Frauen dürfen nur einen Muslim heiraten. Man geht davon aus, dass der Ehemann die Religion bestimmt, die religiöse Unterweisung der Kinder beaufsichtigt und die Führung in der Familie übernimmt, so dass eine nichtmuslimische Ehefrau keinen entscheidenden Einfluss auf die religiöse Orientierung der Familie hat. Außerdem wäre es rechtlich unzulässig, dass nichtmuslimische Kinder von ihrem muslimischen Vater ein Erbe antreten. Kinder aus einer religionsverschiedenen Ehe sind immer automatisch Muslime und müssen als solche erzogen werden. Es wäre undenkbar, dass Kinder aus einer religionsverschiedenen Ehe Christen würden, also gewissermaßen durch eine solche Ehe die Gemeinschaft der Muslime

verkleinert und für die christliche Gemeinschaft »abge-
worben« würden. Dies würde als Abfall vom Islam ge-
wertet, da man davon ausgeht, dass jeder Mensch als
Muslim geboren wird.

Hat eine muslimische Familie der Eheschließung
ihres Sohnes mit einer Jüdin oder Christin zugestimmt,
wird sie die nichtmuslimische Ehefrau häufig in ihrem
Glauben tolerieren, so lange diese nicht für ihren Glauben wirbt oder versucht, die Kinder vom Islam zu ent-
fremden. Trotzdem wird die Familie sie vielleicht zum
Übertritt zum Islam ermutigen, der angesichts der andernfalls stets fühlbar bleibenden Kluft innerhalb der
Familie oft als die bessere Alternative erscheint und
zudem der Ehefrau in ihrer Schwiegerfamilie größere
Anerkennung und vermehrtes Mitspracherecht bei der
Kindererziehung zu versprechen scheint.

Die Chancen für das Gelingen einer religionsverschiedenen bzw. binationalen Ehe stehen im Falle einer
christlich-islamischen Eheschließung günstiger, wenn
das Paar im Heimatland der Ehefrau verbleibt. Im Heimatland des Mannes kommt nicht nur die Allgegenwart
und öffentliche Ausübung des Islam zum Tragen, sondern in weitaus stärkerem Maß die in der Religion wur-
zelnden gesellschaftlichen Normen und der innerhalb
der Gesellschaft der Ehefrau zugewiesene, klar umris-
sene Platz. Es wird von der Ehefrau erwartet, dass sie
diesen Platz ausfüllt, auch wenn sie mit den damit verbundenen Traditionen und Werten nicht aufgewachsen
ist. Meist kennt sie diese zu Anfang nicht im Detail oder
hat Schwierigkeiten, ihr Leben nach ihnen auszurich-
ten. Im Konfliktfall wird der Ehemann zwischen seiner
Frau und den religiös-gesellschaftlichen Erwartungen

seiner Umwelt hin- und hergerissen, was umso mehr
der Fall ist, wenn das Paar im Haus der Schwiegereltern
lebt. Eine individuelle Lebensführung wird dem Paar
in diesem Kontext kaum möglich sein, was die Ehe er-
heblicher Belastung aussetzen kann.

Polygamie

Prinzipiell gestattet der Koran die Ehe eines Mannes
mit bis zu vier Frauen. Eine wahrscheinlich im vorislamischen Arabien bestehende unbeschränkte Polygynie
(Vielweiberei) hat Muhammad in Sure 4,3 auf die Ehe
mit vier Frauen gleichzeitig eingeschränkt. Hinzu können eine nicht näher bezeichnete Anzahl von Nebenfrauen (mit dem Mann nicht in rechtlicher Ehe lebende
Frauen) kommen: »*Und wenn ihr befürchtet, gegenüber
den Waisen nicht gerecht zu handeln, dann heiratet, was
euch an Frauen beliebt, zwei, drei oder vier. Wenn ihr aber
fürchtet, nicht gerecht zu handeln, dann nur eine, oder was
ihr (ergänze: an Sklavinnen) besitzt. Auf diese Weise könnt
ihr am ehesten vermeiden, Unrecht zu tun*« (4,3). Vom
Ehemann wird die gleichmäßig gerechte Versorgung
aller Frauen mit Nahrung, Kleidung, Wohnung und Zuwendung erwartet.

Früher erfuhr eine Frau manchmal erst nach der
Eheschließung, dass ihr Mann sie als zweite oder dritte
Frau hinzugeheiratet hatte (auch das ist bei einer
Cousin-Cousinen-Heirat wesentlich unwahrscheinli-
cher). Heute muss der Mann die Anzahl seiner Frauen
meist offenlegen. Die Türkei verbot bereits 1926 und
Tunesien 1956 die Vielehe gesetzlich. Trotz der theore-

tischen Möglichkeit in den meisten übrigen Ländern
sind nur ein Teil aller muslimischen Ehen polygame Ehen, zumal allein die wirtschaftliche Lage diese
Möglichkeit meist von vornherein ausschließt (anders
liegt die Situation in der Oberschicht der Golfstaaten
oder Saudi-Arabiens). Im ländlichen Bereich kommt
die Vielehe sicher häufiger vor als im städtischen Bereich. Einige wenige muslimische Theologen haben
Sure 4,3 als eigentliche Ablehnung der Vielehe aufgefasst, da eine Gleichbehandlung mehrerer Frauen niemals möglich sei, wie auch in Sure 4,129 bestätigt wird:
*Und ihr werdet es nicht schaffen, die Frauen gleich zu be-
handeln, ihr mögt euch noch so sehr bemühen.«

Von muslimischen Apologeten wird angeführt, dass
die Polygamie eine sinnvolle gesellschaftliche Regelung sei, da zum einen Muhammad sie praktiziert habe,
sie also »sunna« (Gewohnheit) Muhammads und damit
Vorbild für alle Muslime sei. Außerdem ermögliche im
Falle von Kriegen und Katastrophen nur die Polygamie
vielen Frauen eine legale Ehe und damit auch eine ma-
terielle Versorgung. Männer unterlägen zudem starken
sexuellen Trieben, die eine einzige Ehefrau nicht immer befriedigen könne. Außerdem, so die muslimische
Apologetik, sei die rechtliche Absicherung einer in Polygamie lebenden Frau besser als die einer zwar offiziell
in einer monogamen, aber doch »heuchlerischen« westlichen Gesellschaft lebenden Frau, in der Ehebruch
und außereheliche Verhältnisse an der Tagesordnung
seien.

Ehebruch

Ehebruch gilt für Mann und Frau generell als schweres Verbrechen, das nach den Bestimmungen des Korans mit je 100 Peitschenhieben für Mann und Frau bestraft (24,2) werden soll. Allerdings sind zur Feststellung des Ehebruchs vier Zeugen (24,4) oder ein Geständnis erforderlich, ein Indizienprozess wird im Koran nicht erwähnt, ist daher unüblich und kommt nur selten vor.

In der Praxis dürfte Ehebruch nicht sehr häufig vor Gericht verhandelt werden. Die weitaus meisten Fälle werden im familiären Rahmen »geregelt« werden. Bricht der Ehemann einmalig die Ehe, ist dies kein Scheidungsgrund, den die Frau vor Gericht anführen könnte (sofern sie überhaupt Kenntnis davon erhält), es sei denn, der Mann führt offensichtlich einen auf Dauer angelegten, den gesellschaftlichen Normen abträglichen unmoralischen Lebenswandel (dieser wird z. B. in Saudi-Arabien als Scheidungsgrund anerkannt). Erinnert werden sollte nochmals daran, dass der Ehevertrag keinerlei Treueversprechen enthält, weder seitens des Mannes noch seitens der Frau. Allerdings ist ihr Verhalten weitaus größerer Kontrolle durch die Familie und Öffentlichkeit unterworfen.

Bricht die Ehefrau die Ehe oder gerät sie auch nur in den leisen Verdacht, hat sie mit harten Strafen seitens ihres Mannes, ihrer und seiner Familie und der Gesellschaft zu rechnen, die Schläge, Einsperren, Verstoßen oder sogar Tötung bedeuten können. Sie hat als Trägerin der Familienehre (* Ehre und Schande) die ganze Familie in Verruf gebracht, eine Schande, die nur schwer wieder abzuwaschen ist.

Scheidung

Konnte in vorislamischer Zeit nur der Mann eine Scheidung erwirken, ist dies in islamischer Zeit in den meisten Ländern prinzipiell auch der Frau möglich, wenn
auch unter sehr klar definierten, eingegrenzten Bedingungen.

Zwar überliefert die Tradition, dass Muhammad die
Scheidung als die verwerflichste aller erlaubten Handlungen bezeichnet habe: »*Was Gott unter den erlaubten
Dingen am meisten hasst, ist die Scheidung.*« Aber auch in
islamischer Zeit konnte der Mann die in vorislamischer
Zeit vermutlich recht formlos mögliche Scheidung
doch weiterhin relativ einfach erwirken durch eine ein-
seitige Verstoßung seiner Frau. Der Koran verurteilt dabei den Gebrauch der Formel: »*Du bist mir wie der Rü-
cken meiner Mutter*« als »Unrecht« (58,2). In islamischer
Zeit wird mit dem dreimaligen Aussprechen der Formel
»*Ich verstoße dich*« die Ehe nichtig.

Spricht der Ehemann die Formel nur einmal oder
zweimal aus, ist die Scheidung widerruflich. Er holt
seine Frau vor Ablauf einer dreimonatigen Wartefrist
(arab. 'idda) (in der sich eine mögliche Schwangerschaft herausstellt) wieder zu sich zurück, was einer
Aufhebung der vorläufigen Scheidung gleichkommt.
Ist die Scheidungsformel jedoch dreimal ausgespro-
chen worden, kann der Mann diese Frau erst wieder
heiraten, wenn sie in der Zwischenzeit Frau eines anderen Mannes gewesen und wiederum von ihm geschieden worden ist (2,228-230). Dann vollzieht die Frau
eine erneute Eheschließung mit ihrem früheren Ehemann und kehrt zu ihm zurück. Nicht selten wurden

diese »Zwischenehen« nur auf dem Papier für einen einzigen Tag geschlossen, ohne dass sich die beiden »Ehepartner« jemals begegnet wären. Von der islamischen Theologie werden diese »Schein-Zwischenehen« verurteilt.

Diese Regelung der dreifachen Scheidungsformel diente eigentlich dem Schutz der Frau, um sie vor leichtsinnigen Scheidungen zu bewahren, die durch ein einmaliges Aussprechen der betreffenden Worte etwa im Ärger, Rausch oder Spaß und baldiger Rückgängigmachung der Scheidung und Zurücknahme der Frau zustande kommen können. Dennoch bleibt die Scheidung auch in islamischer Zeit ein vergleichsweise unkompliziertes Verfahren für den Ehemann, zumal er für die Verstoßung der Ehefrau keine Gründe anzuführen und niemand Rechenschaft ablegen braucht. Trotzdem wird Scheidung im allgemeinen gesellschaftlichen Kontext als negativ betrachtet.

Für die Frau ergibt sich im Anschluss an die Scheidung das Problem ihrer Versorgung, das um so schwerer wiegt, wenn ihr Brautgeld von geringer Höhe war, ihre Eltern nicht begütert sind und sie — vielleicht wegen ihres Alters — nicht wieder heiraten kann. Aber auch der Mann gewinnt durch eine Scheidung nichts, er muss weiter für seine Kinder sorgen und sie bei Verwandten unterbringen, und wenn er wieder heiratet, muss er für zwei Familien aufkommen. Deshalb werden die beiden beteiligten Familien, wenn eine Ehe zu scheitern droht, immer erst versuchen, die Ehepartner miteinander zu versöhnen, als vorschnell eine Scheidung anzustreben. Dazu fordert auch der Koran auf: *»Und wenn ihr fürchtet, dass es zwischen einem Ehepaar zu*

einem Zerwürfnis kommt, dann bestellt einen Schiedsrich-
ter aus seiner und einen aus ihrer Familie, zu vermitteln.
Wenn die beiden sich dann aussöhnen wollen, wird Gott
ihnen zu ihrem weiteren Zusammenleben in der Ehe Gelin-
gen geben« (4,35).

Heute verlangt das Gesetz in einigen islamischen
Ländern eine gerichtliche Scheidung, in deren Verlauf
Gründe für das Scheitern der Ehe erörtert werden. Vor-
her muss häufig ein Versöhnungsversuch stattgefunden
haben. Dies geschieht vor allem dort, wo im städtischen
Bereich Eheschließungen und Scheidungen staatlich
registriert werden. Wo auf traditionelle Weise geschieden (d. h. verstoßen) wird, geschieht dies auch heute
mit Hilfe der mündlichen Formel, manchmal ohne
dass die Frau in Kenntnis gesetzt wird. (In Kuwait
wurde kürzlich eine per SMS übermittelte Scheidung
als rechtskräftig anerkannt.) Ein besonders häufiger
Scheidungsgrund dürfte noch heute Kinderlosigkeit
sein, die so gut wie immer der Frau zu Lasten gelegt
wird oder sogar die ausschließliche Geburt von Töchtern (* Kinder/Kinderlosigkeit).

In den meisten islamischen Ländern kann heute
auch die Frau eine Scheidung erwirken, aber sie muss
dafür immer einen Prozess bei Gericht anstrengen und
kann ihren Mann niemals verstoßen; dies bleibt ein
Vorrecht des Mannes. Die Frau muss, um die Auflösung
ihrer Ehe vor Gericht betreiben zu können, stichhaltige
Gründe anführen können, die im islamischen Recht genau definiert und stark begrenzt sind. Der wichtigste
Grund, den sie anführen kann, ist für sie die Versäumnis
seiner Unterhaltspflicht, auch mehrjährige Abwesenheit des Mannes, fortwährende Impotenz, ansteckende,

ekelerregende Krankheiten, länger währende Gefängnisstrafen oder eine dauerhafte sexuelle Vernachlässigung sind ernsthafte Scheidungsgründe. Auch besondere Grausamkeit des Ehemannes kann die Scheidung herbeiführen, meist jedoch erst nach Vermittlungsversuchen durch die Familie. Auch das Zerrüttungsprinzip findet heute bei Scheidungen schon bedingt Anwendung.

Kommt es zwischen den Eheleuten zum Konflikt, weil die Ehefrau z. B. von ihrem Ehemann (mehrmals) heftig geschlagen wurde und sie flieht zu ihrer Familie, wird diese zunächst versuchen, auf den Ehemann einzuwirken und ihm sein »unislamisches« Verhalten vorhalten, sodann auf einer Versöhnung und Verhaltensänderung bestehen, bevor die Ehefrau zu ihm zurückkehrt. Nur selten wird eine islamische Familie, die im westlichen Ausland lebt, bei Ehekonflikten Hilfe von außen anfordern oder akzeptieren (Nachbarn, Polizei, Gericht), ja im Zweifelsfall Hilfsangebote ablehnen oder sogar leugnen, dass Gewalt ausgeübt wurde. Für die Ehefrau wäre eine Erörterung ihrer Eheprobleme gegenüber einem (womöglich männlichen) Außenstehenden ein eklatanter Verstoß gegen Sitte und Anstand und eine große Schande. Nur selten werden Gerichte bemüht, weitaus häufiger die Schwierigkeiten innerhalb der Familie beigelegt.

Außer durch einen Prozess kann die Frau nach Sure 2,229 ihrem Mann zumindest einen Teil ihres Besitzes überlassen und sich damit gewissermaßen freikaufen (arab. hul'). Allerdings muss der Mann in diesem Fall der Scheidung zustimmen, denn die Frau hat keinen Rechtsanspruch darauf.

Kommt es zu einer Scheidung, wird das Scheitern der Ehe vor allem der Frau angelastet werden. Es wird erwartet, dass sie so weit wie möglich die Ehe und Familie zusammenhält, sich seinen Anordnungen fügt und nicht durch Widerspruch seinen Zorn herausfordert.

Auch wenn der Mann schwört, vier Monate keinen Verkehr mehr mit seiner Frau zu haben und dies auch einhält, kommt dies einer Scheidung gleich. Eine weitere Form der Scheidung ist die Beschuldigung seitens des Ehemannes der Ehefrau, sie habe Ehebruch begangen (arab. li'an). Kann er, wie es der Koran und das islamische Gesetz verlangen, keine vier männlichen Zeugen beibringen, kann sich die Frau von dem Vorwurf freisprechen, indem sie viermal schwört, keinen Ehebruch begangen zu haben und für das fünfte Mal Gott zum Zeugen für die Wahrheit ihrer Aussage anruft (24, 6 - 9). Der Koran macht weiter keine Angabe darüber, was anschließend geschehen soll. Nach der Überlieferung soll die Ehefrau straffrei ausgehen, aber geschieden werden. Diese Art der Scheidung dürfte eher die Ausnahme darstellen.

Nach der Scheidung beginnt für die Frau die Wartezeit (arab. 'idda) zur Feststellung einer eventuellen Schwangerschaft. Während der üblicherweise dreimonatigen Wartezeit ist der Mann unterhaltspflichtig, danach nicht mehr. Daher wird sie in ihre Herkunftsfamilie zurückkehren, die sie zu einer baldigen erneuten Heirat drängen mag. Ist sie bereits älter, kann sie eventuell bei einem erwachsenen Sohn (vorzugsweise dem ältesten) unterkommen, der dann verpflichtet ist, für sie zu sorgen.

Stellt sich in der Wartezeit heraus, dass die Frau ein Kind zur Welt bringen wird oder wird es in dieser Zeit geboren, muss der Mann für die Stillperiode Unterhalt leisten (2,233). Ist die Frau nicht schwanger, endet die Unterhaltspflicht des Mannes mit dem Ablauf der Wartezeit.

Kinder aus einer geschiedenen Ehe gehören nach islamischem Recht grundsätzlich zum Vater, die Mutter erhält jedoch meistens das Recht, sie in den ersten Jahren zu betreuen und eventuell später zu besuchen. Jungen bleiben bei ihr nicht länger als höchstens bis zum siebten, Mädchen etwa bis zum zehnten, höchstens zwölften Lebensjahr. Spätestens dann kommen die Kinder zu ihrem Vater bzw. zu seiner Familie, die für sie bis zur Erwerbstätigkeit bzw. Heirat aufkommt. Stirbt der Vater, wird i. d. R. für das Kind ein Vormund aus seiner Familie bestellt.

Aus christlicher Sicht: Das Verständnis der Rolle der Frau und das Wesen der islamischen Ehe unterscheiden sich fundamental von der biblisch-christlichen Ehe. Bei der islamischen Eheschließung wird kein Eid auf die lebenslange Gemeinschaft und gegenseitige Treue gegeben. Die muslimische Ehe rechnet bereits durch die Absicherung der Braut mit der Abendgabe (dem Teil des Brautgeldes, der ihr von ihrem Ehemann im Falle der Scheidung ausbezahlt werden soll) in gewissem Sinn mit der Möglichkeit der späteren Scheidung.

Die islamische Ehe ist ein zivilrechtlicher Vertrag, der zwischen zwei Familien geschlossen wird und zur vernünftigen Regelung des gesellschaftlichen Zusammenlebens dient. Sie ist jedoch kein von Gott gesegnetes lebenslanges Bündnis mit beiderseitiger, gleichlautender Eidesverpflichtung. Unter der Maßgabe, dass eine Frau von ihrem Mann kein Treueversprechen erhält, ja kurzzeitige Affären kein Scheidungsgrund sind und der Mann seinerseits seine Frau aufgrund ihrer »ungezügelten Sexualität« potentiell immer als moralisch gefährdet ansieht, die er seiner Kontrolle unterwerfen muss, wird der Aufbau eines tief gehenden Vertrauensverhältnisses nicht leicht sein. Mann und Frau können sich eigentlich nie ganz und gar trauen. Der Grund liegt m. E. letztlich im Gottesbild: Während im Alten und Neuen Testament unausgesetzt von Gottes Treue und Verlässlichkeit gesprochen wird, ja die Beziehung des Menschen zu Gott mit dem Bund der Ehe und deren Ausschließlichkeit verglichen wird (Gott ist ein eifersüchtiger Gott), hat im Islam die Beziehung zwischen Mann und Frau und die Führung der Ehe eigentlich nichts mit einer geistlichen Dimension und einer Beziehung zu Gott zu tun, außer vielleicht der Tatsache, dass die Ehe als von Gott gestiftet gilt. Gott hat im Koran keinen Treueeid auf die Gläubigen (die im Koran nirgends als seine Kinder bezeichnet werden) geleistet, er legt sich letztlich nicht fest, wie er im Gericht über das Leben eines jeden urteilen wird, weil seine Souveränität unbegrenzt und daher sein Handeln nicht vorhersagbar ist.

Während das Alte und Neue Testament in Bezug auf die Beziehung aller Menschen untereinander, aber auch in Bezug auf die Ehe viele Aufforderungen enthalten, aus der Beziehung zu Gott heraus den *»Nächsten zu lieben wie sich selbst«* (Markus 19,19 u. a.), den anderen *»höher zu achten als sich selbst«* (Philipper 2,3) oder sich *»gegenseitig in Ehrerbietung zuvorzukommen«* (Römer 12,10), gibt es in der islamisch-nahöstlichen Gesellschaft klar definierte Rollen und Entscheidungsbereiche, aber auch Hierarchien, innerhalb derer die klar definierten Pflichten erfüllt werden sollen.

Die christliche Ehe ist auf eine lebenslange Gemeinschaft mit nur einem Partner angelegt, ebenso wie Gott seinen Bund mit den Menschen von sich aus niemals bricht und allezeit verlässlich und unwandelbar ist. Für christliche Eheleute können fehlender Unterhalt, Krankheit oder sexuelles »Versagen« anders als im Islam keine Scheidungsgründe sein, denn gerade hier müsste sich bewähren, dass eine christliche Ehe nicht nur aufrechterhalten wird, solange der Ehepartner einwandfrei »funktioniert«. Das christliche Eheversprechen, den Partner in »bösen wie in guten Tagen« zu tragen, verpflichtet ihn, sich gerade dann für ihn aufzuopfern, wenn er am meisten darauf angewiesen ist.

Während im biblischen Rahmen die geistig-geistliche Gemeinschaft der Ehepartner in ihrer Beziehung zu Gott und der gegenseitigen Ergänzung zweier wesensmäßig verschiedener Menschen im Mittelpunkt des biblisch-christlichen Ehegedankens steht, spricht der Koran nirgends ausdrücklich über die geistig-geistliche Gemeinschaft der Ehepartner, und m. W. bleibt diese Komponente auch bei den Korankommentatoren und der Literatur zu Ehe- und Familienfragen weitestgehend unberücksichtigt. Da der Islam keine alle Gläubigen umfassende Kirchenstruktur kennt und die Moschee für Frauen nur ein geringes Aufgabenbetätigungsfeld bietet, muss eine Frau ihren Glauben vorwiegend im privaten Rahmen leben, ist aber nicht von Gott aufgefordert, gemeinsam mit ihrem Mann ihre Umwelt und Gesellschaft geistig und geistlich zu gestalten.

Ehelosigkeit

Der Koran äußert sich positiv zur Eheschließung, und die Überlieferung nimmt den Wunsch aller Menschen zur Verheiratung als selbstverständlich an. Ja, sie verurteilt diejenigen, die ohne triftigen Gründe nicht heiraten möchten. Freiwillige, dauerhafte Ehelosigkeit, ein Zölibat, scheint im nahöstlich-islamischen Kulturkreis fast nicht vorstellbar. Sie kommt zumindest im ländlichen, traditionellen Bereich der islamischen Welt so gut wie überhaupt nicht und im städtischen Bereich immer noch sehr selten vor.

Eine Reihe praktischer Gründe scheinen fast überall für eine Eheschließung zu sprechen, z. B. die Notwendigkeit, eine landwirtschaftliche Fläche mit der Arbeitskraft einer ganzen Familie zu bearbeiten. Nur durch Eheschließung ist eine staatlicherseits allenthalben in zu geringem Maß vorgegebene Altersversorgung dauerhaft zu garantieren. Zugleich wird die Ehe als Institution zur Verhinderung von Unmoral (Unzucht und Hurerei) betrachtet, die die Stabilität der Gesellschaft und die Schaffung eines legitimen Rahmens zur Fortpflanzung der Menschheit garantiert.

Ledigsein hat daher gegenüber dem Ehestand ein ganz geringes Ansehen und gilt generell als minderwertige Lebensform. Wer jung und unverheiratet ist, gilt fast noch als Kind, lebensunerfahren und wird — in jedem Fall als Frau — nur wenig Autorität und Ansehen genießen.

Eindeutig empfiehlt der Koran die Verheiratung Lediger: *»Und verheiratet diejenigen von euch, die ledig sind«* (24,32). Die Überlieferung hebt hervor, dass Heiraten vor Gott ein verdienstvolles Werk ist: *»Wenn ein Diener Gottes heiratet, erfüllt er die Hälfte seiner Religion.«* Der Prophetengefährte Ibn Mas'ud soll gesagt haben: *»Selbst wenn ich nur noch zehn Tage zu leben hätte, so würde ich mich verheiraten, um nicht unverheiratet vor Gott zu erscheinen.«*

Ehelosigkeit ist also in der islamischen Welt eigentlich immer nur ein »Übergangsstadium« oder »Ausnahmezustand«, für den ernsthafte Gründe vorliegen: vielleicht kann der Ledige aus wirtschaftlichen Gründen erst in absehbarer Zeit heiraten, der Verwitwete seines Alters wegen keine neue Ehe mehr eingehen oder der Geschiedene erst nach Ablauf einer gewissen Frist wieder an eine Eheschließung denken.

Dass die übliche Lebensform die Eheschließung ist, kommt auch darin zum Ausdruck, dass es für Ledige eigentlich keinen rechten »Platz« in der Gesellschaft gibt. Der Ledige wohnt entweder (noch) bei seinen Eltern, was insbesondere für ledige Frauen gilt, aber nach Erreichen des Heiratsalters als Übergangsstadium betrachtet wird, das es zu ändern gilt. Auch geschiedene oder verwitwete Frauen kehren meist in ihre Familie zurück, sollten aber nach Möglichkeit wieder heiraten, was manchmal auch aus wirtschaftlichen Gründen wünschenswert erscheint. Die ledige oder geschiedene, berufstätige, auf sich selbst gestellte Frau ist in der islamischen Gesellschaft noch immer eine Ausnahme und allenfalls in einigen Großstädten anzutreffen. Im Allgemeinen wird gemäß den im Nahen Osten allgemein

gültigen Vorstellungen von * Ehre und Schande vorausgesetzt, dass keine Frau ohne den schützenden und zugleich kontrollierenden Rahmen ihrer Familie lebt, die
über ihre Ehre wachen und sie nötigenfalls verteidigen
kann.

Ehre und Schande

Nach Auffassung muslimischer Apologeten erhält die Frau ihre wahre Würde, ihre »Ehre« nur im Islam. Nur dort wird sie geschützt, wertgeachtet und kann die Rolle ausfüllen, die ihrem Wesen entspricht, während sie im Westen versklavt, missachtet und unterdrückt ist. Im Westen wird das meist unter umgekehrten Vorzeichen betrachtet. Diese Auffassungen sind außer in den religiösen Wurzeln beider Kulturkreise auch in den Werten der nahöstlich-islamischen Kultur begründet.

Scham- und Schuldkultur

Wer die ungeschriebenen gesellschaftlichen Regeln der islamischen Welt und insbesondere das Verhalten der Geschlechter zueinander verstehen möchte, ihre Grenzen und Handlungsspielräume, die Reaktionen des Umfeldes und die Gesetze, die das Zusammenleben ermöglichen, muss sich mit einigen Grundlagen der »Scham-« bzw. »Schuld«kultur bzw. der Auffassung von »Ehre und Schande« im Kontext des Nahen Ostens vertraut machen.

Wenn man — etwas verallgemeinernd — davon ausgeht, dass in der westlichen Welt eine Schuldkultur vorherrschend ist, so versteht man darunter, dass ein Unrecht in dem Moment als Schuld wahrgenommen wird, in dem es geschieht. Reinigung von Schuld geschieht

durch Schuldgeständnisse und, wenn möglich, Wiedergutmachung. Eine direkte Konfrontation zwischen
Täter und Opfer ist möglich, ja wird im Konfliktfall ge-
wünscht und zur Austragung, aber auch Beendigung
des Konflikts herbeigeführt: Wer seinen Wagen mit
dem Auto des Nachbarn kollidieren lässt, fühlt sich im
Moment des Geschehens schuldig (selbst wenn er anschließend Fahrerflucht begeht). Das Geschehen an
sich verursacht Schuldgefühle, unabhängig von der
Beziehung zum Nachbarn, unabhängig davon, ob das
Auto alt oder neu war und der Nachbar Zeuge des Un-
falls oder nicht. Eine Bereinigung der Angelegenheit
erfolgt durch das Bekenntnis des Unfallverursachers,
eventuell eine Entschuldigung und eine Wiedergutmachung (Aufkommen für den Schaden).

In einer Schamkultur spielt weniger der Vorgang an
sich eine Rolle, sondern vielmehr die Frage, in welcher
Beziehung Täter und Opfer zueinander stehen und wie
das Gesicht vor dem anderen gewahrt werden kann.
Wird ein Gebot übertreten, das eine Beziehung zwischen Menschen in Mitleidenschaft zieht, steht die Wie-
derherstellung der Beziehung im Mittelpunkt, nicht das
Vergehen an sich. Von der Qualität der beiderseitigen
Beziehung wird abhängen, wie über den oben erwähnten Unfall gesprochen und verhandelt wird. Steht der
Nachbar in der Schuld des Unfallverursachers, wird
dieser das Geschehen herunterspielen, womöglich auf
die Wertlosigkeit des Wagens und die Unübersichtlich-
keit der Straße verweisen, ja u. U. nicht einmal zulassen,
dass der Unfallverursacher Schadensersatz leistet. Damit ist das »Geben« und »Nehmen« zwischen beiden
Nachbarn wieder ausgeglichen. Ja, das Opfer mag froh

sein, dass ihm eine Gelegenheit geboten wurde, seine Schuld bei seinem Nachbarn abzutragen. Eine Schuldreinigung oder ein Schuldausgleich wird also durch eine – eventuell schon vorab geleistete – entgegengesetzte gute Tat möglich.

Hatte der Unfallverursacher jedoch bereits eine Schuld bei seinem Nachbarn abzutragen und fügt dem nun noch eine weitere Schuld hinzu, kann dieser den Vorfall wie einen persönlichen Angriff behandeln, überhöhte Schadensersatzforderungen stellen und die Beziehung liegt u. U. für längere Zeit »auf Eis«, bis sich eine Gelegenheit zur Versöhnung bei einem religiösen Fest, wie dem Fest des Fastenbrechens, bietet durch einen großen Gefallen seitens des Unfallverursachers und erneut Gelegenheit zur Versöhnung und zum Ausgleich des Gebens und Nehmens erreicht wird.

»Geben« und »Nehmen« muss in der Schamkultur zwischen Verwandten und Freunden, ja zwischen allen, die miteinander in einer Beziehung stehen (und sei es ein Beamter auf einer Behörde, der um eine Amtshandlung gebeten wird) immer im ungefähren Gleichgewicht bleiben. Steht ein Bittsteller z. B. zu einem Beamten in keiner Beziehung und kann er sie über Dritte auch nicht herstellen, hat er manchmal nur wenig Aussicht auf Hilfe und Erfüllung seiner Bitten. Kann er diese Beziehung herstellen, erreicht er im Bedarfsfall meist innerhalb kürzester Zeit die Gewährung seiner Bitte.

Wer einem Freund einen sehr großen oder sogar mehrere Gefallen getan hat, hat gewissermaßen bei ihm auf sein Konto »eingezahlt«. Gerät er jetzt selbst in eine Notlage, kann er fest damit rechnen, von seinem Freund

Hilfe zu erhalten, ja es ist eigentlich fast sein moralisches Recht. Dieser Freund steht so tief in der Schuld
des Bittenden, dass ein Abweisen der Bitte so gut wie
unmöglich ist und stark missbilligt würde. Er muss alles
in seiner Macht stehende tun, um jetzt Hilfe zu leisten.

Kann oder möchte er dies jedoch nicht, aus Gründen, die möglicherweise wiederum in stärker wiegen-
den Verpflichtungen anderen Personen gegenüber liegen — also einem Loyalitätskonflikt — wird er seinem
Bittsteller gegenüber ein »Ausweichmanöver« durchführen, aber ihn keinesfalls mit einem glatten »nein«
konfrontieren. Eine Bitte, so lautet eine Regel gesellschaftlichen Zusammenlebens im Nahen Osten, mag sie
berechtigt oder unberechtigt sein, sollte niemals direkt
abgewiesen werden. Er mag sich dem Bittenden entziehen, indem er eine Weile nicht aufzufinden ist oder
Entschuldigungen und Gründe anführen, weshalb er
aufgrund eigener Schwierigkeiten derzeit verhindert
ist oder die Erfüllung der Bitte verschoben werden
muss. Oft wissen dann beide Beteiligte, dass dies eine
Ablehnung ist, die aber nicht offen thematisiert wurde.
So verliert weder der Bittende noch der die Bitte Ableh-
nende sein Gesicht. Ja, die Bitte kann, da es niemals ein
offizielles »nein« gegeben hat, später doch noch erfüllt
werden, wenn die Voraussetzungen oder Möglichkeiten
zur Erfüllung gegeben sein sollten.

Ist einer unbescholtenen Person Unrecht geschehen, kann sie die Anerkennung und Wiedergutmachung dieses Unrechts fordern, sollte dies jedoch immer erst in einem Rahmen zu erreichen versuchen, die
dem anderen erlaubt, sein Gesicht zu wahren. Oft geschieht das, indem z. B. ein Bestohlener sich nicht di-

rekt an den Dieb, sondern an dessen Verwandte wendet. Manchmal taucht der Streitpunkt gar nicht im Gespräch auf, aber man gibt auf Umwegen zu verstehen, was geschehen ist. So kann Wiedergutmachung geleistet werden, ohne das Geschehen klar benannt zu haben und den Schuldigen zu beschämen. Den anderen bloßzustellen und ihn das Gesicht verlieren zu lassen wird i. d. R. als schlimmer betrachtet als das Vergehen selbst.

Was als angemessenes Verhalten gilt, entscheidet in der Schamkultur nicht die Einzelperson, sondern die Gesellschaft als ganze, das Kollektiv. Deshalb handelt jeder Einzelne auch immer in Hinblick darauf, welche Folgen sein Verhalten für die Gruppe, die Familie und die Gesellschaft hat.

In der Schuldkultur kann von Fall zu Fall unterschiedliches individuell abweichendes Verhalten toleriert werden. Entscheidungen haben zumeist nur für den Einzelnen Bedeutung und werden der Gruppe, der Familie und der Gesellschaft nicht zur Last gelegt.

Ehre und Schande

Ein weiteres Prinzip der »Scham«kultur ist die Auffassung von »Ehre« und »Schande«. Was Schande im Verhalten des Einzelnen ist, was sich gegen seine Ehre richtet, das sind für das Zusammenleben innerhalb der Gesellschaft immens wichtige Werte. Im allgemeinen gesellschaftlichen Umgang darf niemand ohne Grund wie ein Ehrloser behandelt werden. Möglicherweise könnten drastische Handlungen die Folge sein.

Im besonderen Maß gelten die Regeln zur Wahrung der Ehre und Vermeidung von Schande jedoch für den Umgang der Geschlechter miteinander:

Was im Verhältnis der Geschlechter zueinander als ehrenhaft oder schandbar gilt, legt weder individuell der Einzelne für sich fest noch sein Ehepartner oder seine engere Familie. Dies sind Werte, die gesellschaftlich vorgegeben, vom Einzelnen kaum zu hinterfragen und nicht ungestraft umzustoßen sind. Das Verhalten des Einzelnen hat immer Bedeutung für die (erweiterte) Familie und das ganze Umfeld. Das heißt, Schande, die ein Mitglied auf sich lädt, bringt Ehrverlust für die ganze Familie. Ehre zu haben, bedeutet daher, sich gemäß der gesellschaftlich festgelegten Rolle zu verhalten, Schande über die Familie zu bringen, diese Grenzen zu überschreiten. Nach einer Überlieferung von Muhammad ist die *»schlimmste Art des Wuchers die Verletzung der persönlichen Ehre eines Muslims«* (Wucher zu treiben verurteilt der Koran als Sünde).

Die Frage, wie eine Frau ihre Ehre bewahren kann, unterscheidet sich ganz grundlegend von der Frage der Ehrerhaltung für den Mann:

Die Ehre der **Frau** hängt ganz wesentlich von ihrem eigenen Verhalten ab und zwar vor allem davon, ob sie ihren Ruf in moralischer Hinsicht untadelig erhalten kann. In einer Gesellschaft, in der Jungfräulichkeit das höchste Gut einer unverheirateten Frau ist und bei Ehebruch einer verheirateten Frau die Todesstrafe oder Tod durch Selbstjustiz der Familie droht, ist ihr Handlungsspielraum im Verhalten zum anderen Geschlecht sehr beschränkt und wird pausenlos von der Gesellschaft kontrolliert.

Die wichtigste Erwartung an das Verhalten einer Frau ist, dass sie sich an die allgemein anerkannten Anstandsregeln zur Vermeidung der Zerstörung ihres guten Rufes hält. Sure 24,31 ermahnt die Frauen, in ihrer Kleidung, ihrem Schmuck und ihrem Verhalten Zurückhaltung zu zeigen und die Augen niederzuschlagen. So geben sie niemand Anlass zu Kritik und Verdächtigungen. Der zeitgenössische Theologe Jusuf al-Qaradawi formuliert etwa: *»Der wertvollste Schmuck einer Frau ist ihr Schamgefühl, und der beste Ausdruck des Schamgefühls ist das Senken des Blicks.«*

Die Frau ist die Trägerin der Ehre ihrer ganzen Familie und muss versuchen, jeden möglichen Ehrverlust, der durch ihr Verhalten verursacht werden könnte, zu vermeiden. Sie kann sehr leicht den Verdacht eines unehrenhaften Verhaltens auf sich ziehen, wenn sie sich nicht streng am Verhaltenskodex der Gesellschaft orientiert und die strikte * Geschlechtertrennung nicht ausreichend beachtet. So kann sie durch vergleichsweise geringe »Verstöße« die Ehre der ganzen Familie beschmutzen. Aus diesem Grund wird bei Ehebruch, an dem Frau und Mann gleichermaßen beteiligt sind oder einer unerlaubten Freundschaft zwischen Junge und Mädchen vorrangig der Frau die Schuld zugewiesen.

Hat die Frau ihre Familie entehrt, kann die Ehre von der Frau selbst nicht wieder erworben werden. Sie kann Ehre nur verlieren. Nur ein männliches Familienmitglied kann die Ehre für die Familie zurückgewinnen, meist dadurch, dass er sich gegen die Frau wendet und sie mit Schlägen, Einsperren oder sogar dem Tod bestraft, auch wenn die Schuld an dem Geschehen nicht auf ihrer Seite lag. Die Frau hat die Männer ihrer Familie mit entehrt, denn sie zeigt durch ihr Verhalten, dass die Männer nicht in der Lage sind, ihre Frauen vor Angriffen durch die Gesellschaft zu schützen und ihr Verhalten zu kontrollieren, also Stärke zu beweisen. Auch der Mann wird damit zum Außenseiter der Gesellschaft.

Wenn eine Frau nicht die Regeln der Ehrerhaltung beachtet und z. B. Gesprächskontakt zum männlichen Geschlecht sucht, wird ihr Ehrlosigkeit unterstellt, egal, ob wirklich etwas Unehrenhaftes geschehen ist oder nicht. Zum einen gilt sie als stete Verführerin des Mannes, zum anderen zählen in diesem Kontext Handlungen mehr als Worte. Mit Erklärungen und Beteuerungen über die »Harmlosigkeit« des Geschehens könnte die Sache niemals aus der Welt geschafft werden, denn ihr Verhalten bzw. der Augenschein gibt den Ausschlag. Eine solche Frau hat die Männer und damit ihre Familie entehrt.

Die Ehre eines **Mannes** dagegen hängt nicht von seinem eigenen Verhalten ab, sondern vom Verhalten seiner Frau, Mutter, Schwester oder Tochter und davon, ob er ihr Verhalten kontrollieren kann. Dadurch entsteht aus westlicher Sicht der Eindruck, für Frauen und Männer gälten unterschiedliche Maßstäbe hinsichtlich ihres moralischen Verhaltens. Der Mann trägt die Verantwortung für das Auftreten der Frauen seiner Familie in der Öffentlichkeit, er muss Stärke, Kontrolle und Verteidigungsbereitschaft demonstrieren, sonst wird er als Schwächling betrachtet und nicht mehr respektiert.

Ein Mann wird innerhalb seines Umfeldes respektiert, wenn er höflich, hilfsbereit und freundlich ist und niemandem etwas Böses tut. Wird jedoch seine Ehre durch das Verhalten seiner Frau oder Tochter beleidigt, muss er die Ehre der Familie verteidigen, sonst kann er sich selbst und seinen Platz innerhalb der Gemeinschaft nicht behaupten. Er kann keine Geschäfte mehr abwickeln, er kann sich nirgends mehr sehen lassen und er wird Unrecht und vielleicht sogar Gewalt gegen seine Familie hinnehmen müssen, wenn er nicht seine Verteidigungsbereitschaft demonstriert. Der Ehrlose kann sich in seinem Umfeld nicht behaupten, er wird betrogen, übergangen, missachtet und die Frauen seiner Familie belästigt oder sogar entführt.

Wurde die Ehre des Mannes bzw. der Familie durch das Verhalten der Ehefrau oder Tochter verletzt und Schande über die Familie gebracht — was letztlich erst der Fall ist, wenn die Sache publik wird, also eine direkte Konfrontation und ein Gesichtsverlust eintritt — muss die Familienehre wiederhergestellt werden. Im leichteren Fall wird die Frau vor weiterem Fehlverhalten und Verdächtigungen »geschützt«, indem sie ins Haus eingesperrt, eventuell geschlagen und kontrolliert und an weiteren Ausgängen gehindert wird, im schwereren Fall wird sie getötet werden. Erst dann ist die Familienehre wiederhergestellt.

Hat die Frau die Aufgabe, die Familienehre zu wahren, erscheint es aus islamischer Sicht fast zwingend notwendig, dass ihr möglichst wenig Gelegenheit gegeben werden soll, die Ehre der Familie zu verletzen. Hat der Mann die Aufgabe, die Ehre zu verteidigen, um den gesellschaftlichen Untergang der ganzen Familie zu verhindern, ist es erklärlich, dass er teilweise zu drastischen Mitteln greifen muss, um nach einem Ehrverlust das Weiterleben seiner Familie sicherzustellen.

Aus christlicher Sicht: Das »Geben« und »Nehmen«
der Schamkultur, das »Einzahlen« auf das Konto eines
Schuldners, der bei Gelegenheit wieder um einen
Gefallen gebeten werden kann, hat m. E. seine letzte
Ursache im islamischen Gottesbild: Gott erwartet vom
Gläubigen, dass er gute Werke vor Gott tut, wozu die
fünf Säulen (Bekenntnis, Gebet, Fasten, Almosen, Wallfahrt), aber auch gute Werke darüber hinaus gehören.
Nur wenn ein Muslim auf sein »Konto« genug eingezahlt, vor Gott genug Gutes erbracht hat, kann er im
Jüngsten Gericht hoffen, von Gott gnädig beurteilt zu
werden. Nur wessen gute Taten die schlechten übertref-
fen, wenn sie auf der Waage im Jüngsten Gericht gewo-
gen werden, darf letztlich ins Paradies eingehen. Wer
Gott seinerseits noch nichts erbracht hat (wer kein
gläubiger Muslim ist und die Gebote des Islam nicht
hält), kann nicht auf das Erbarmen Gottes hoffen. Der
Eingang ins Paradies ist kein unverdientes Geschenk,
keine »Gnade«, sondern kommt dem zu, der ihn sich
durch gute Taten »verdient« hat.

Erziehung

Wer in eine muslimische Familie hineingeboren wird, gilt als Muslim und wird auch als solcher behandelt. Es ist keine spätere »Bekehrung«, kein Bekenntnis oder eine ausdrückliche Erklärung des Kindes nötig, die etwa mit der christlichen Taufe oder der Konfirmation/Kommunion vergleichbar wäre.

Muslime gehen davon aus, dass der Islam die »natürliche Religion« eines jeden Menschen sei und jeder Mensch als Muslim geboren werde. Wenn Kinder aber in einer nichtislamischen Umgebung aufwachsen, so meint man, wird das Wissen um diese natürliche Religion »verdunkelt« und sie werden zu Juden oder Christen »gemacht«. In einer muslimischen Familie geht es also »nur« darum, den als Muslim Geborenen nun auch als Muslim aufwachsen zu lassen. Dazu gehört die – für traditionell geprägte Muslime selbstverständliche – religiöse Unterweisung des Kindes in der Familie und manchmal auch in der Koranschule.

Man geht davon aus, dass Säuglinge und Kleinkinder zunächst einmal ganz und gar »unschuldig« und »unwissend« sind und nichts Böses kennen und wollen. So haben sie in den ersten Lebensjahren manche Freiheiten, die bei einem Sohn später nur in gewissem Maß eingeschränkt werden.

Religiöse Erziehung geschieht indirekt dadurch, dass das Kind mit islamischen Festen und Feiertagen aufwächst, aber auch mit Speise- und Reinigungsvorschriften, mit den detaillierten Auffassungen davon, was als »erlaubt« (arab. halal) und »verboten« (arab. haram) gilt, mit dem täglichen rituellen Gebet, dem Fasten im Monat Ramadan, mit den islamischen Ehe- und Familiengesetzen, mit den vielen magischen Praktiken, mit der Trennung der Geschlechter und den vom Islam vorgegebenen Moralauffassungen. Da bis heute die nahöstliche viel stärker als die westliche Gesellschaft von Gemeinschafts- und Gesellschaftsdenken anstatt von Individualismus geprägt ist, wird in entsprechendem Maß erwartet, dass der Einzelne den ihm in der Gesellschaft durch seine Geburt, seine Stellung und sein Geschlecht zugewiesenen Platz ausfüllt und die damit verbundenen Verhaltensweisen übernimmt. Es wird von Anfang an sehr geschlechtsspezifisch erzogen, ein Sohn auf seine spätere Rolle als Mann hin, eine Tochter auf ihre spätere Aufgabe als Ehefrau und Mutter.

Für den Sohn ist sein Beschneidungsfest ein wichtiges Ereignis, durch das er in die Gemeinschaft der Männer aufgenommen und ein vollwertiges Mitglied der Religionsgemeinschaft der Muslime wird. Der Sohn wird vom Vater und die Tochter von der Mutter religiös unterwiesen. Schritt für Schritt wird das Kind in die Glaubenspflichten des Islam eingeführt.

Dazu gehört vor allem das fünfmal tägliche rituelle Gebet, das auf Arabisch in Richtung Mekka vollzogen wird. Es geht dabei darum, das Gebet in allen Teilen korrekt auf Arabisch auszuführen, nicht unbedingt darum, die Bedeutung der einzelnen Worte zu verstehen. Dies ist bei der Mehrheit der Muslime ohnehin nicht der Fall, da nur ein Teil der etwa 1,3 Mrd. Muslime Arabisch als Muttersprache spricht.

Man geht davon aus, dass ein Kind etwa mit 7 Jahren mit dem rituellen Gebet beginnen sollte. Mit 10 Jahren sollte es das Gebet beherrschen und auch vollziehen – natürlich in Abhängigkeit davon, wie streng die Familie selbst der Gebetspflicht nachkommt. Die Befolgung der fünf Säulen des Islam und insbesondere die Einhaltung der Gebete gilt für Männer und Frauen als absolut verpflichtend. Das Gebet absichtlich zu versäumen, ist im Islam eine der schwersten Sünden überhaupt. Und so verlangen manche muslimischen Theologen gemäß einer Überlieferung Muhammads, Kinder zur Not mit Schlägen zur Einhaltung der Gebetspflicht zu zwingen.

Auch in das 30-tägige Fasten im Monat Ramadan wird das Kind Schritt für Schritt eingeführt. Beim ersten Mal fastet es vielleicht nur zwei bis drei Tage, beim nächsten Mal eine Woche. Ungefähr mit der Pubertät sollte es die ganze Fastenzeit einhalten.

Besucht das Kind (frühestens ab etwa vier Jahren) die Koranschule, wird es dort vor allen Dingen den Koran durch ständiges Wiederholen auf Arabisch auswendig lernen. Die Aneignung des Korans wird als Grundlage für alles spätere Lernen betrachtet. Manche Kinder sind in der Lage, in wenigen Jahren den gesamten Text der 114 Suren auswendig zu lernen. Dies gilt als sehr ehrenvoll, und ein solches Kind wird in der Regel für ein theologisches Studium als prädestiniert betrachtet werden. In der westlichen Welt nehmen manche Muslime aus Furcht vor einem als negativ empfundenen westlich-freiheitlichen oder auch christlichen Einfluss die religiöse Erziehung ihrer Kinder und den Koranschulunterricht recht ernst.

Mädchen werden in der islamischen Welt früh auf ihre spätere Rolle als Hausfrau und Mutter hin erzogen. Sie übernehmen in aller Regel schon in jungen Jahren Haushaltspflichten und beaufsichtigen die jüngeren Geschwister. Wenn Mädchen ein Schulbesuch möglich ist, fällt er häufig kürzer aus als bei Jungen, im ländlichen Bereich entfällt er für Mädchen bisweilen ganz aus einer Reihe von praktischen Überlegungen heraus: Das Mädchen wird bei der Haus- oder Feldarbeit gebraucht oder zur Beaufsichtigung jüngerer Geschwister eingesetzt, wenn die Mutter nicht zu Hause ist. Möglicherweise befürchtet die Familie eine Gefährdung ihres guten Rufes, wenn das Mädchen z. B. unbegleitet einen weiten Weg gehen muss (eine bekannte Redewendung lautet: *»Mädchen, die zur Schule gehen, werden schwanger.«*) Oder die Familie lehnt aufgrund ihrer konservativen Haltung einen Schulbesuch für Mädchen grundsätzlich ab.

Jungen dagegen werden früh auf eine Identifizierung mit der Welt des Vaters in der Moschee, der Öffentlichkeit und seinem Beruf hin geprägt. Im Schulbesuch, der Bewegungs- und Entscheidungsfreiheit, der Eigenverantwortlichkeit, sowie oft selbst in der medizinischen Versorgung genießen sie deutliche Privilegien vor ihren Schwestern, und zwar auch dann, wenn diese älter sind. Zwar gilt eine Frau prinzipiell vor Gott als gleichwertig, jedoch hat sie im Ehe- und Erbrecht, in Entscheidungsbefugnissen, in der Religionsausübung (durch häufigere rituelle Unreinheit und eingeschränkte Handlungsfähigkeit) und durch die streng-moralische Beurteilung ihres Lebenswandels durch ihre Umwelt erheblich mehr Einschränkungen hinzunehmen als ein Mann.

Auch die geschlechtsspezifische Vorbereitung auf das Leben als Mann oder Frau gehört zur religiösen Erziehung im Islam, denn die Aufgabenteilung und Geschlechtertrennung ist in der Religion verankert. Nach »klassischem« Verständnis verpflichtet der islamische Ehevertrag den Ehemann dazu, alleine für den Unterhalt seiner Familie aufzukommen. Er vertritt die Familie nach außen, trifft aber auch die anstehenden Entscheidungen zu Wohnort, Schulbesuch oder Berufsausbildung, während der Ehefrau die Fürsorge für die Kinder und die Führung des Haushaltes zufallen.

Angemessenes, respektvolles Verhalten gegenüber Eltern und Schwiegereltern, Älteren im Allgemeinen, von Frauen gegenüber Männern, Zurückhaltung im Umgang mit dem anderen Geschlecht und die Wahrung eines untadeligen Rufes für Mädchen und Frauen gehören ebenfalls zu den grundlegenden Erziehungsidealen im Islam.

Fatima

Fatima (ca. 605 - 632 n. Chr.) war eine Tochter Muhammads aus seiner ersten Ehe mit * Hadidja und die Ehefrau 'Ali ibn Abi Talibs, des Cousins Muhammads, der das islamische Reich 656 bis 661 n. Chr. als der vierte und letzte »rechtgeleitete Kalif« regierte. Fatima genießt bei Schiiten und Sunniten höchstes Ansehen. Sie starb im Jahr 632, einige Monate nach ihrem Vater Muhammad.

Als Muhammad im Jahr 632 starb, hatte er nicht nur keine Nachfolgeregelung zur Führung seiner muslimischen Gemeinde getroffen, sondern er hatte auch keinen Sohn aus seinen zahlreichen Eheschließungen; einige Söhne müssen im Kindesalter gestorben sein. Seine Tochter Fatima hatte als einzige seiner Töchter drei Söhne, von denen bei Muhammads Tod noch zwei am Leben waren, die Prophetenenkel al-Hasan und al-Husain.

Fatima hielt mit Hilfe des Beistands ihres Vaters Muhammad, mit dem sie eng verbunden gewesen sein soll, zu ihren Lebzeiten ihren Ehemann 'Ali erfolgreich davon ab, weitere Frauen hinzuzuheiraten, obwohl 'Ali dem nicht abgeneigt gewesen sein soll. Aus den Quellen scheint hervorzugehen, dass Fatima von ihrem Ehemann 'Ali nicht immer gut behandelt wurde und sich darüber bei ihrem Vater Muhammad beklagte. Aus den teilweise legendenhaften Berichten und Überlieferungen, die bereits vor Fatimas Geburt beginnen und vor allem aus schiitischer Feder stammen, ist es nicht leicht, ein historisch zuverlässiges und vor allem lückenloses Lebensbild Fatimas herauszuschälen.

Die Überlieferung berichtet, dass sie nach einer der großen Schlachten Muhammads, der Schlacht von Uhud um 625 n. Chr., die Wunden ihres Vaters Muhammads und Ehemanns 'Ali versorgt haben soll. Die Nähe zu ihrem Vater, die Ehe mit einem der späteren vier Kalifen und ihre Stellung als Mutter dreier direkter Prophetenabkömmlinge, von denen später einer ernsthaft Anspruch auf das Kalifenamt erhob, verschaffen ihr ihre herausragende Stellung unter den Frauen der Frühzeit des Islam.

Bei den Schiiten, insbesondere im Volksglauben, genießt Fatima als Heilige und alle ihre Nachfahren als Erben der magisch wirkenden Segens- und Heilkraft (arab. baraka) hohes Ansehen und Verehrung. Fatima gilt den Schiiten als verkörperte Göttlichkeit. Es gibt zahlreiche schiitische Legenden über übernatürliche Ereignisse in Zusammenhang mit Fatima und über mehrere Wunder, die sie getan haben soll. Damit wird ihre besondere Stellung und Bedeutung herausgehoben, die die * Marias weit übertrifft, obwohl Maria diejenige ist, über die der Koran namentlich und recht ausführlich im Zusammenhang mit Jesu Geburt berichtet.

Schiiten erbitten in ihren Gebeten Gottes Segen über Fatima, die sie als »reine Gefährtin« und »Jungfrau« (arab. batul) bezeichnen, eine »Huri [Paradiesjungfrau] vom Himmel«, die am Jüngsten Tag für die Gläubigen Fürbitte einlegen wird. Bei den schiitischen Trauerfeierlichkeiten im Monat Muharram spielt Fatima ebenfalls eine wichtige Rolle.

Aber auch bei den Sunniten gilt Fatima als hervor-
ragendste aller Frauen, als Königin und »Herrin«
(arab. sayyida) aller Frauen im Diesseits und Jenseits,
wie Muhammad sie nach mehreren Überlieferungen
kurz vor seinem Tod genannt haben soll. Nach einer
Überlieferung wird Fatima nach der Auferstehung als
allererster Mensch das Paradies betreten.

In manchen islamischen Ländern werden Amulette
in Form einer Hand verkauft, »der Hand der Fatima«.
Die fünf ausgestreckten Finger dieser Hand sollen die
fünf Säulen des Islam symbolisieren und gelten als
Schutz gegen das Wirken böser Geister und Dämonen,
insbesondere zur Abwehr des gefürchteten »Bösen
Blicks«.

Frau

Dass Muhammad die unterprivilegierte Stellung der Frauen des vorislamischen Arabiens verbessert hat, ist wohl als Tatsache anzusehen, obwohl angesichts der größtenteils spärlichen Quellenlage teilweise Vermutungen und Schlüsse an die Stelle belegbarer Aussagen treten müssen.

Der Koran berichtet von der Erschaffung von Mann und Frau (7, 189; 4, 1), ebenso wie vom Paradies, in dem Adam und seine Frau wohnten (7, 19 ff.). Der Koran macht hier zunächst keinen Unterschied zwischen Mann und Frau in Bezug auf Rechte, Pflichten oder etwa eine Höherordnung eines der Geschlechter. Die detaillierteren Anweisungen zu den Rechten und Pflichten der Frau und ihre Positionierung innerhalb der Familie und Gesellschaft finden sich in zahlreichen Einzelversen mehrerer Suren.

Muslimische Apologeten haben stets hervorgehoben, dass die Frau im Islam rechtlich und in religiöser Hinsicht vor Gott dem Mann gleichgestellt sei. Zwar ist dies Argument im Hinblick auf die »Schöpfungsverse« in Sure 7, 189 oder 4, 1 nachzuvollziehen, verlangt aber für dessen Bejahung im gesellschaftlichen nahöstlichen Kontext und im kulturellen Verständnis der Geschlechter den »islamischen Blickwinkel«: Aus islamischer Sicht kann nicht als »Benachteiligung« definiert werden, was der Koran jedem Geschlecht an Aufgaben und Stellung zuordnet. Von der denkerischen Voraussetzung des Islam als der »besten aller Ordnungen« sieht die Definition der »Benachteiligung« anders als aus

der Perspektive eines säkularen, westlichen Kontexts
aus:

Gesellschaftliche Stellung

Als Benachteiligung fassen es in der Regel nichtmuslimische, aber auch viele muslimische Frauen auf, wenn
der Koran bekennt, dass die Männer *»über den Frauen
stehen«* oder, wie eine muslimische Koranübersetzung
formuliert, *»die Männer haben Vollmacht und Verantwortung gegenüber den Frauen«*, weil Gott *»die einen vor den
anderen bevorzugt hat«* oder anders übersetzt, weil er *»sie
[ergänze: vor diesen] ausgezeichnet hat«* (4,34). Der
Korankommentator Ibn Kathir legt diesen Vers folgendermaßen aus: *»Männer sind Frauen überlegen, und ein
Mann ist besser als eine Frau.«* Viele bedeutende Theologen haben auf Grundlage der betreffenden Koranverse
und ähnlich lautender Überlieferungen ausgeführt,
dass der Mann vollkommener geschaffen wurde als die
Frau und ihr überlegen ist: Von seiner Intelligenz und
Religionsausübung her, da ihm das Richter- und Vorbe-
teramt vorbehalten bleibt, von der größeren Dankbar-
keit — da Frauen in einigen Überlieferungen als un-
dankbar dargestellt werden — und als Zeugen vor Gericht, da die Zeugenaussage eines Mannes erst von der
zweier Frauen aufgewogen werden kann (s. z. B. Razi,
Baidawi, Zamahshari). Einige Überlieferungen — darunter auch ein Ausspruch Muhammads — bezeichnen
die Frau als *»Spielzeug«* oder in einer bekannten Überlieferung auch als krumme *»Rippe«*, die bricht, wenn
man versucht, ihr Gekrümmtsein geradezubiegen.

Sure 4,34 erwähnt, dass die Männer »*Ausgaben von ihrem Vermögen*« für die Frauen haben, was als Beschreibung für die im Nahen Osten übliche Praxis der Brautgabe und die Zuweisung der Versorgungsaufgabe an den Mann aufgefasst wird. Auch damit wird die Trennung der Lebens- und Aufgabenbereiche in einen außerhäuslichen und einen häuslichen Bereich (für die Frau) begründet, die zumindest in traditionellen Ehen in der islamischen Welt unbestritten ist. Traditionell erhält die Frau keine Berufsausbildung, zumal sich die Frage nach dem Sinn einer solchen Ausbildung angesichts der üblicherweise frühen Verheiratung stellt. Zudem wären häufig die Kosten und auch die Gefahr für den guten Ruf der Frau einfach zu groß. Sie wird daher nach einigen Schuljahren der Mutter zu Hause zur Hand gehen und alle für die Haushaltsführung und Kinderversorgung notwendigen Tätigkeiten erlernen, bis sie mit vielleicht 14 bis 16, spätestens jedoch zwischen 18 Jahren und Anfang 20 verheiratet wird.

Von dieser Position der deutlichen Höherordnung des Mannes sowie einigen Koranversen, die die Zurückhaltung der Frau rühmen bzw. anordnen (*Kleidung, *Geschlechtertrennung) ist es nur noch ein kleiner Schritt, eine vermehrte Entscheidungsgewalt und Bewegungsfreiheit für den Mann abzuleiten, die größtenteils im Nahen Osten — nicht nur unter Muslimen, aber hier aus der Religion heraus begründet — praktiziert wird. Diese Entscheidungsgewalt erstreckt sich gewöhnlich auf den Wohnort der Familie, den Arbeitsplatz, die Schulausbildung der Kinder, ja, auf alles, was im außerhäuslichen Bereich zu regeln ist. Im Allgemeinen wird der Mann alle die Öffentlichkeit betreffenden

Belange regeln, die Frau alle häuslichen. Bei einer traditionell arrangierten Ehe hat die Mutter des Sohnes einige Einflussmöglichkeiten auf die Auswahl der Braut, allerdings ist die Eheanbahnung insbesondere bei der »Kreuzcousinenheirat« (die Tochter heiratet den Sohn des Vaterbruders) innerhalb der eigenen Großfamilie ja auch wiederum eine familiäre Angelegenheit.

Eine ältere Frau kann in der islamischen Gesellschaft als Mutter möglichst mehrerer Söhne, als Schwiegermutter und Großmutter zweifellos eine gewisse Respektsposition erringen, die sie in dieser Position des Verdachts der moralischen Verfehlung kaum noch aussetzt, solange sie sich an die allgemein gültigen Anstandsregeln hält. Sie wird ihrerseits nun häufig zur Hüterin der Tradition und zu derjenigen, die darauf achtet, dass die jüngeren Frauen die Verhaltensregeln beachten. Eine bekannte Überlieferung besagt: *»Das Paradies liegt zu den Füßen der Mütter.«* Das Alter bringt der Frau gewisse Einflussmöglichkeiten und eine Stellung ein, in der sie durchaus hohen Respekt genießt, der nur dort an seine Grenzen stößt, wo die Entscheidungsbefugnis des Mannes berührt wird. Verbietet ihr Ehemann etwas Bestimmtes, kann auch sie in der Regel dagegen nicht ankommen. Dass diese Machtposition nach vielen Jahren der erfahrenen eigenen »Machtlosigkeit« auch wiederum zur Beherrschung unter ihr stehender Frauen — insbesondere der jungen Schwiegertöchter — führen kann, liegt in der Natur des Menschen.

Der religiöse Bereich

Die erweiterte öffentliche Bewegungs- und Handlungs-
freiheit des Mannes ist eng mit dem religiösen Bereich
verbunden. Zwar ist richtig, dass der Koran von der
Frau ebenso wie vom Mann erwartet, ihren religiösen
Pflichten (vor allem die fünf Säulen) im vollen Umfang
nachzukommen, denn der Koran sagt: »*Ich werde keine
Handlung unbelohnt lassen, die einer von euch begeht,
gleichviel, ob es sich um Mann oder Frau handelt*« (3, 195).
Dies ist jedoch insofern teilweise Theorie, als dass die
Frau in der Praxis mancherlei Einschränkungen in ihrer
Religionsausübung und der Abhängigkeit von ihrem
Mann unterworfen ist, denen der Mann seinerseits
nicht in gleicher Weise ausgesetzt ist:

Sofern Arabisch nicht ihre Muttersprache ist, wird die
Frau mit der Schwierigkeit konfrontiert sein, die täglichen Pflichtgebete korrekt auf Arabisch zu sprechen, da
in den meisten Fällen allenfalls ihr Mann eine theologi-
sche Ausbildung genossen haben wird, und sei es auch
nur ein arabischsprachiger Koranschulunterricht gewesen. Zur Zeit ihrer rituellen Unreinheit (Menstruation
und Wochenbett) darf sie nicht das rituelle Gebet vollziehen, nicht fasten, keinen Koran berühren, noch über
die Schwelle einer Moschee treten, d. h., sie darf keine
rituelle Gottesverehrung praktizieren.

Zum Freitagsgebet in die Moschee zu gehen, ist nur
für Männer Pflicht, ja, in manchen Teilen der islamischen Welt wird von der Frau erwartet, dass sie grundsätzlich nicht in der Moschee, sondern zu Hause betet,
was einige Überlieferungen als den besseren Weg bezeichnen.

Zum Almosengeben ist sie möglicherweise nicht in der Lage, da sie kaum über eigenes Geld verfügt oder keinen Zugang zum Familieneinkommen. besitzt. In diesem Fall kann sie auch keine zusätzlichen Almosen als Wiedergutmachung für versäumtes Fasten oder zur Sühne einer anderen Sünde geben.

Vom durchgängigen Fasten während eines ganzen Fastenmonats wird sie wiederum durch ihre rituelle Unreinheit abgehalten. Sie muss diese Fastentage dann allein, außerhalb des Fastenmonats, nachholen, also zu einer Zeit, in der ihre Umwelt auf ihr Fasten keinerlei Rücksicht nimmt und sie täglich für ihre Familie Mahlzeiten zubereiten oder u. U. Gäste bewirten muss. Ergreift sie nicht die nächste Gelegenheit zum Nachholen der ihr fehlenden Fastentage, muss sie wiederum weitere Tage bußfasten (oder eine andere Leistung erbringen), was wiederum durch erneute Unreinheit aufgeschoben werden kann. Wird sie schwanger oder stillt sie, darf sie abwägen zwischen dem Aufschub des Fastens (was ihr rechtlich zusteht, dann aber u. U. das Nachholen zweier ganzer Fastenmonate oder umfangreicher Ersatzleistungen nach sich zieht) oder aber dennoch fasten, was eine hohe körperliche Belastung bzw. gesundheitliche Gefährdung darstellt.

Möchte die Frau über den vorgeschriebenen Fastenmonat hinaus weitere Fastentage einhalten, um Gott wohlzugefallen oder eine Sühne für Sünde zu leisten, darf sie dies nur mit Erlaubnis ihres Mannes tun, da er während ihres Fastens keinen ehelichen Verkehr mit ihr haben darf.

Ob sie jemals die Wallfahrt durchführen kann oder aufgrund der hohen Kosten bzw. der in der Regel übli-

chen Begleitpflicht eines weiteren Familienmitgliedes
nicht eher ein männliches Familienmitglied nach
Mekka pilgern wird, bleibt ungewiss. Auch Teile der
Wallfahrt werden wiederum unmöglich, wenn die vorgeschriebenen Wallfahrtstage in die Zeit ihrer Unreinheit fallen.

Der familiäre Bereich

Eines der charakteristischsten Merkmale der Höherordnung des Mannes ist zweifellos sein Züchtigungsrecht gegenüber der Frau, das der Korantext in Zusammenhang mit der Höherordnung des Mannes formuliert: »*Und wenn ihr befürchtet, dass (die) Frauen sich auflehnen, dann ermahnt sie, meidet sie im Ehebett und schlagt
sie! Wenn sie euch (wieder) gehorchen, dann unternehmt
nichts gegen sie*« (4,34).

Wenn der Mann also befürchtet (der Fall des Ungehorsams also noch gar nicht eingetreten ist?), seine
Frau könne sich gegen ihn auflehnen, kann er — ja soll
er, denn der Vers formuliert im Imperativ — zum Mittel
der Züchtigung greifen, um seine Frau zum Gehorsam
zu zwingen, nachdem die Ermahnung und die eheliche
Verweigerung sie nicht zum Nachgeben bewogen haben. Natürlich wird nicht jede muslimische Frau von
ihrem Ehemann geschlagen, genauso wenig wie be-
hauptet werden kann, dass dieses Problem in nichtislamischen Ehen nicht aufträte. Es gibt immer wieder
muslimische Autoren, die das Schlagen der Ehefrau für
nicht mehr zeitgemäß erklären (wie z. B. Smail Balic)
oder den betreffenden Koranvers so deuten, dass damit

eigentlich keine harten Schläge oder Verletzungen, sondern nur eine symbolische Handlung, eine »nachdrückliche Ermahnung« gemeint sei, um der Frau den Ernst der Lage vor Augen zu führen. Allerdings sind dies im Gesamtzusammenhang doch Außenseiterpositionen, die aufgrund des relativ eindeutigen Wortlautes des Korantextes und zahlreicher ähnlich lautender Überlieferungen schwer zu begründen sind.

Es bleibt eine Tatsache, dass der Koran das Recht auf Gehorsamseinforderung der Ehefrau durch den Ehemann ausdrücklich formuliert – notfalls mittels Gewalt. In einigen islamischen Ländern ist das Züchtigungsrecht gesetzlich verankert. Kommt es zu einem Prozess vor einem Familiengericht, wird es der Ehefrau in der Regel unmöglich sein, wegen »maßvoller« Züchtigung des Ehemannes zu klagen. Verhält sich ein Ehemann zu rücksichtslos gegen seine Ehefrau oder flieht sie aufgrund schwerer Misshandlung sogar vor ihrem Ehemann zu ihren Eltern, wird in aller Regel der Vater oder Bruder der Ehefrau versuchen, den Ehemann – eventuell über dessen Vater – zu einem Versprechen einer Verhaltensänderung zu bewegen.

Außer dem Koran unterstreicht auch die Überlieferung in etlichen Traditionen das Recht des Mannes zur Züchtigung seiner Frau: »*Der Mann wird nicht zur Verantwortung gezogen dafür, dass er seine Frau geschlagen hat.*« Auch Muhammad hat laut mehrerer Texte der Überlieferung ausdrücklich das Schlagen der Frau im Fall ihres Ungehorsams gestattet.

Im Allgemeinen wird dieses Züchtigungsrecht als Recht des Ehemannes gegenüber seiner Ehefrau aufgefasst werden, ist in der Praxis jedoch nicht auf diesen

Bereich beschränkt. Es kann sich durchaus vom Vater auf die Tochter, ggf. auch eine Nichte erstrecken und wird nicht selten auch von Brüdern gegenüber ihren (teilweise älteren) Schwestern praktiziert, insbesondere, wenn es um das Thema * Ehre und Schande geht.

Zwar rühmen einige Überlieferungen die gute Behandlung der Frauen durch ihre Männer und empfehlen deren liebevolle, geduldige Behandlung. Der Mann solle sich seiner Frau widmen, sich ihrer Probleme annehmen und sie unterstützen, aber diesen wenigen Äußerungen stehen zahlreiche Überlieferungen gegenüber, die Frauen in einem negativen Zusammenhang erwähnen: »*Ein schlechtes Omen findet sich in einer Frau, in einem Haus und in einem Pferd*« und der Frau Verführung, Untreue, Betrug und List zuschreiben. al-Ghazali, ein berühmter islamischer Theologe des Mittelalters, formuliert: »*Wäre es erlaubt, vor irgendjemand außer Gott niederzufallen, dann sollten die Frauen vor ihren Ehemännern niederfallen*«. Und einige Überlieferungen verbinden die Frage der Zufriedenheit des Mannes mit seiner Frau mit ihrem Eintritt ins Paradies: »*Wenn eine Frau stirbt, während ihr Mann zufrieden mit ihr war, wird sie ins Paradies eingehen.*« Auch die Gebete der Frau werden nicht erhört, wenn ihr Mann nicht mit ihr zufrieden ist. Eine ebenfalls häufig zitierte Überlieferung lautet: »*Ich blickte ins Feuer (der Hölle) und sah, dass die meisten seiner Insassen Frauen waren.*«

Auch in einer Ehe, in der der Ehemann seine Frau nicht schlägt, hat er auf jeden Fall das Recht, von ihr Gehorsam zu erwarten. Sie ist ihm gehorsamspflichtig, solange das Verlangte nicht unmittelbar gegen die Gebote des Islam verstößt. So heißt es in Sure 4,34: »*Die rechtschaffenen Frauen sind demütig ergeben*«, oder, wie auch übersetzt wird: »*Darum sind tugendhafte Frauen die Gehorsamen.*«

Eine weitere Höherordnung des Mannes kann in der einseitigen Erlaubnis zur Polygamie für den Mann erkannt werden, d. h. in der Möglichkeit, mit bis zu vier Frauen und einer nicht näher benannten Zahl von Nebenfrauen gleichzeitig die Ehe einzugehen: »*Und wenn ihr fürchtet, gegenüber den Waisen nicht gerecht zu sein, dann heiratet, was euch an Frauen beliebt, zwei, drei oder vier. Wenn ihr aber fürchtet, (sie) nicht gleich zu behandeln, dann nur eine oder was eure rechte Hand (an Sklavinnen) besitzt. Das bewirkt es eher, dass ihr euch vor Ungerechtigkeit bewahrt*« (4,3). Darüber hinaus räumt der Koran dem Mann einseitig das Recht zur Verstoßung seiner Ehefrau ein, die auf traditionelle Weise ohne Angabe von Gründen, ja ohne eine unbedingte Inkenntnissetzung der Ehefrau durch das dreimalige Aussprechen der Scheidungsformel »*Ich verstoße dich*« geschieht. Auch die Ehefrau kann sich scheiden lassen, jedoch muss sie immer einen Gerichtsprozess anstrengen (* Ehe und Familie).

Der rechtliche Bereich

Im rechtlichen Bereich muss die Frau im Vergleich zum Mann etliche Einschränkungen hinnehmen, vor allem im Zeugen- und Erbrecht. Im Zeugenrecht insofern, als vor Gericht die Aussage eines Mannes nur aufgewogen werden kann durch eine gleichlautende Aussage zweier Frauen (2,282). Als Grund für diese Regelung führt der

Koran an, dass die »*eine sich erinnern kann, wenn die andere sich irrt*« (2,282). Muslimische Theologen führen aus, dass Frauen aufgrund ihrer stärkeren emotionalen Schwankungen, Beeinflussbarkeit und ihrer größeren Vergesslichkeit größere Schwierigkeiten hätten, sachlich zutreffende Aussagen vor Gericht zu machen. Einige Juristen vertreten die Auffassung, Frauen sollten in Strafrechtsprozessen grundsätzlich überhaupt nicht aussagen, sondern nur bei Zivilprozessen zugelassen werden.

Aus christlicher Sicht: Wenn der Koran von der Erschaffung von Mann und Frau berichtet, so haben muslimische Apologeten häufig darauf hingewiesen, dass im Koran die »herabsetzende« Bemerkung aus 1. Mose 21-22 fehlt, dass Gott die Frau aus einer Rippe des Mannes geschaffen habe. Ungleich entscheidender erscheinen jedoch aus nichtmuslimischem Blickwinkel andere Aussagen wie z. B., dass die Männer »*über den Frauen stehen*«, weil Gott »*die einen vor den anderen bevorzugt hat*« (4,34), dem Mann das Züchtigungsrecht über die Frau verliehen ist, sowie die Möglichkeit zur Polygamie und einseitigen Verstoßung der Ehefrau eingeräumt wird und nicht zuletzt seine Entscheidungs- und Handlungsvollmachten im öffentlichen wie privaten Bereich erheblich größer sind wie auch seine Möglichkeiten zur rituellen Gottesverehrung. Dem gegenüber steht die deutliche rechtliche Benachteiligung der Frau im Zeugen- und Erbrecht, ihre Gehorsamspflicht gegenüber dem Ehemann und ihr gesellschaftlich stark eingeschränkter Handlungs- und Bewegungsspielraum.

Zwar empfehlen einige Überlieferungen und auch muslimische Theologen durchaus die liebevolle Behandlung der Ehefrau, aber diese ist kein Teil seines Eheversprechens wie analog im christlichen Bereich. Die Ehefrau bleibt durch ihre eingeschränkten Rechte, ihre Gehorsamspflicht und seine übergeordnete Stellung ihrem »Herrn« ausgeliefert und von seinem Wohlwollen letztlich abhängig. An keiner Stelle gibt der Koran einen Hinweis darauf, dass Ehe und Familie ein geistlicher, gegenseitiger Dienst vor Gott wären, dass Mann und Frau von Gott die gemeinsame Aufgabe der verantwortungsvollen Herrschaft über die Erde erhalten haben (1. Mose 1,28).

Geburt

Die Geburt eines Kindes ist ein einschneidendes Erlebnis im Leben einer Frau, insbesondere, wenn es sich um einen * Sohn handelt, der ihre Stellung innerhalb der Familie und Gesellschaft entscheidend verbessert. Aber auch die Geburt einer ersten * Tochter löst (manchmal etwas verhaltene) Freude aus, wird doch damit zumindest das mögliche, vernichtende Urteil der Unfruchtbarkeit über einer Frau abgewendet.

Der Wunsch nach Kindern ist in einer muslimischen Familie eigentlich selbstverständlich. Der Koran erkennt an, dass Schwangerschaft und Geburt Mühen bedeuten: *»Wir haben dem Menschen aufgetragen, seine Eltern gut zu behandeln. Seine Mutter hat ihn unter widrigen Umständen getragen und unter widrigen Umständen geboren«* (46,15; s. auch 4,36).

Traditionell und im dörflichen Bereich wird die Frau bei der Geburt von einigen weiblichen Verwandten und einer Hebamme unterstützt, die im Dorf eine besondere Stellung innehat. Nach der Geburt werden Verwandte und Nachbarinnen möglicherweise verschiedene Rituale zur Abwehr böser Geister von dem Neugeborenen durchführen und die Wöchnerin in der ersten Zeit nach der Entbindung z. B. durch die Zubereitung von Mahlzeiten unterstützen.

Im städtischen Bereich ist die Klinikentbindung Standard. Der Ehemann ist unter keinen Umständen bei der Geburt dabei und möchte dies oft auch nicht, wenn er nach Europa übergesiedelt und dort schon viele Jahre verheiratet ist, denn alles, was mit der Geburt zusammenhängt, gehört zum »Frauenbereich«.

Den Namen des Kindes legt der Vater manchmal spontan unmittelbar nach der Geburt (in anderen Fällen auch erst nach einigen Tagen oder später) fest, wenn ihm das Kind von der Hebamme gebracht wird, damit er ihm in ein Ohr das Glaubensbekenntnis *(»Es gibt keinen Gott außer Allah«)* und in ein Ohr den Gebetsruf *(»Allah ist groß ... Es gibt keinen Gott außer Allah. Ich bezeuge, Muhammad ist sein Prophet ...«)* hineinspricht. Almosen werden verteilt und am siebten Tag ein Opfer gebracht, das bei Jungen den doppelten Umfang hat wie bei Mädchen. Bei Mädchen hat die Mutter größere Einflussmöglichkeiten auf die Namensgebung. Ein religiöser Name wird gleichzeitig als Bekenntnis zum Islam aufgefasst, denn auch ein Konvertit zum Islam wird in der Regel einen islamischen Vornamen annehmen.

Insgesamt sind Namen mit religiöser Bedeutung sehr beliebt, insbesondere Muhammad und alle Ableitungen davon wie Mehmet, Ahmed, Hamid, Mahmud, Namen der koranischen Propheten wie Youssuf (Josef), Dawud (David) oder Ayyub (Hiob), bei Schiiten auch 'Ali oder Hussein, sowie zusammengesetzte Namen wie Abd ar-Rahman (Diener des Barmherzigen) oder Abdallah (Diener Gottes), Nur ad-Din (Licht des Glaubens) oder für Mädchen 'Aischa (bei Sunniten), Zainab oder Fatima, sofern kein Name eines Verwandten oder Heiligen bevorzugt wird.

Die Mutter gilt ab dem 40. Tag nach der Entbindung wieder als rituell rein (* Unreinheit, rituelle) und darf nach einer »großen Waschung« wieder das Gebet verrichten oder einen Koran berühren.

Die größte Sorge gilt dem Neugeborenen in Bezug auf den »Bösen Blick«, dessen Wirkung man in vielen Fällen den Ausbruch schwerer, unerklärlicher Krankheiten oder sogar den Tod eines Kindes zuschreibt. Es werden daher oft zahlreiche Schutzmaßnahmen ergriffen, die das Kind vor dem »Bösen Blick« schützen sollen. Blaue Perlen, die auf die Kleidung des Kindes genäht werden, gelten als ebenso wirksam in der Abwehr wie ein mit Koranversen beschriebenes Amulett. Manchmal werden Kinder in Lumpen gekleidet, damit nicht etwa ein Dämon (arab. djinn) auf ein besonders hübsches Kind aufmerksam werde, oder einem Jungen Mädchenkleider angezogen, damit die Dämonen getäuscht werden.

Geburtenregelung/Familienplanung

Zu einer Ehe gehören in der islamischen Welt in aller Regel Kinder. Dauerhafte, freiwillige Kinderlosigkeit zugunsten einer permanenten Berufstätigkeit der Frau, größerer Freiheiten oder des Erwerbs von Wohlstandes ist eigentlich ein so gut wie unbekanntes Phänomen. Eltern betrachten ihre Kinder mit großer Liebe und Stolz und sich selbst mit mehreren Kindern als von Gott besonders gesegnet.

Sind jedoch einige Kinder geboren, stellt sich die Frage der Familienplanung. In Zeiten, in denen bis zu 50 % aller Kinder starben, bevor sie das Erwachsenenalter erreichten, stellte sich die Frage der Geburtenregelung nicht mit derselben Dringlichkeit wie heute insbesondere in Großstädten, in denen die Schul- und Ausbildungsmöglichkeiten oft begrenzt, die Einkommen der Eltern niedrig, die Arbeitslosigkeit hoch, die Wohnungen klein und die Zukunftschancen für die Kinder vielfach düster sind.

Es gibt keinen Korantext, der die Geburtenregelung grundsätzlich ablehnen würde. In Sure 17, 31 verbietet der Koran lediglich, neugeborene Mädchen zu begraben, was im vorislamischen Arabien nach aller Quellenkenntnis praktiziert worden sein muss. Eigentlich ist dies jedoch ein Verbot von Kindestötungen, kein Text zur Geburtenregelung. Deshalb wird in der islamischen Theologie oft mit der Pflicht des Gläubigen zu rationalen Erwägungen argumentiert, wenn die Geburtenregelung begründet werden soll, wie die bisherige Zahl der Kinder, die Einkommens- und Wohnverhältnisse oder die Gesundheitsrisiken für die Mutter.

Unumstritten ist, dass der Koran eine zweijährige Stillzeit empfiehlt, die die Geburtenfolge verlangsamen kann. Im Allgemeinen hat wohl eine Geburtenregelung z. B. aus gesundheitlichen Gründen Aussicht auf allgemeine Anerkennung, während Gründe wie Selbstverwirklichung, befürchtete Einschränkungen oder Sorge um Jugend und Schönheit kaum akzeptabel erscheinen. Gängige Methoden der Geburtenregelung werden im Allgemeinen akzeptiert (vom Koitus interruptus, den Muhammad gestattet haben soll, bis zum Ovulationshemmer), einige teilweise als Abtreibung betrachtete Methoden wie der Gebrauch einer Spirale werden überwiegend mit Skepsis betrachtet und endgültige Lösungen wie Sterilisationen meist grundsätzlich abgelehnt.

Heute wird die Geburtenregelung angesichts rasch zunehmender Bevölkerungszahlen in etlichen islamischen Ländern, in denen sie in vergangenen Jahren teilweise missbilligt und von den Autoritäten des Landes als »unislamisch« gerügt wurde, sogar staatlich propagiert und gefördert (wie z. B. im Iran). Zwar gibt es noch Stimmen, die zugunsten der Ausbreitung des Islam und der Erstarkung des Staates jegliche Geburtenregelung ablehnen und als mangelndes Vertrauen in Gottes Versorgung interpretieren, die Voten pro Geburtenbegrenzung dürften jedoch heute klar überwiegen.

Problematisch ist eine kleine Zahl von Kindern vor allem dort, wo erst mehrere Kinder die gegenwärtige Arbeitsbewältigung und spätere Altersversorgung der Eltern ermöglichen.

Geburtstag/Geburtstag des Propheten

Geburtstage haben in der islamischen Welt herkömmlicher-
weise keine Tradition. In vergangenen Jahrhunderten wur-
den Geburtstage nirgends registriert. Nicht nur der Tag der
Geburt, sondern auch das Jahr ist bei zahlreichen Persön-
lichkeiten der islamischen Geschichte nicht mehr eindeutig
festzulegen. Viele Angaben variieren um ein, zwei bis zu
sechs, sieben Jahren.

Mütter konnten zwar meist über die Jahreszeit der
Geburt ihrer Kinder Auskunft geben, aber nicht unbedingt das Jahr eindeutig festlegen. Heute werden Geburtstage im städtischen Bereich zwar eher staatlich registriert, aber höchstens im westlichen Umfeld mit einer
Geburtstagsfeier begangen. Dort, wo Geburtstage nicht
registriert sind, wird erst bei Bedarf (etwa beim Umzug
in das westliche Ausland) ein Geburtstag festgelegt
(dann häufig auf den 1. 1. eines bestimmten Jahres).

Geburtstag des Propheten

Angesichts der fehlenden »Geburtstagstradition« im Islam ist es erstaunlich, dass im Volksislam der Geburtstag Muhammads, die Geburtstage einiger seiner Familienmitglieder und der lokalen Heiligen solch große Bedeutung erlangen konnten. Da Muhammads Geburtstag nicht bekannt ist, wurde sein Todestag auch zum
Tag seiner Geburt erklärt und der 12. des Monats Rabi'I

(der 8. 6. 632 n. Chr. nach christlicher Zeitrechnung) als Muhammads Geburtstag gefeiert, wobei allerdings in einigen Ländern der islamischen Welt auch davon abweichende Daten festgelegt wurden.

Schon bevor die Feier des Prophetengeburtstags (arab. maulid an-nabiy oder mawlud, türk. mevlid) eine feste Einrichtung wurde, war das Geburtshaus Muhammads in Mekka im 8. Jahrhundert n. Chr. in ein Andachts- und Bethaus umgewandelt worden. Ebenso wie man Muhammads Grab in Medina besuchen konnte, wurde nun sein Geburtshaus zu einem Ort, an dem Muslime besonderen Segen von Gott erflehten.

Ursprünglich soll der Prophetengeburtstag ein schiitisches Fest gewesen sein, heute wird es von Sunniten und Schiiten begangen, allerdings nicht in allen islamischen Ländern gleichermaßen. Zusammen mit dem Fest des Fastenbrechens und dem Opferfest gehört der Prophetengeburtstag im Allgemeinen zu den bedeutendsten Festen im islamischen Bereich, obwohl — da der Prophetengeburtstag vermutlich erst seit dem 10./11. Jahrhundert n. Chr. begangen wird — weder der Koran noch die Überlieferung das Begehen dieses Festes vorschreiben. Daher haben puritistische Richtungen innerhalb des Islam, wie der in Saudi-Arabien beheimatete wahhabitische Islam, die Feier des Prophetengeburtstages stets missbilligt.

Alle früheren Quellen, die erhalten sind, machen keine verlässlichen Angaben über den Zeitpunkt des Beginns und die Art und Weise der frühen Formen der Feierlichkeiten. Erst im 12. und 13. Jahrhundert mehren sich die historischen Berichte über diese besonderen Feiern.

Ebenfalls schon im 13. Jahrhundert soll sich Widerspruch gegen dieses Fest geregt haben. So hatten manche Theologen wie etwa der berühmte und bis heute einflussreiche Theologe Ibn Taimiyya (gest. 1328 n. Chr.) Bedenken gegen die Feier des Prophetengeburtstagsfestes, da sie es als unzulässige Neuerung (arab. bid'a) betrachteten. Diese Stimmen konnten sich jedoch nicht durchsetzen, und die Festtradition setzte sich über die Jahrhunderte fort. 1588 führte der osmanische Sultan Murad III. das Fest offiziell am osmanischen Hof ein. Es verbreitete sich in den folgenden Jahrhunderten ungeachtet mancher Opposition rasch über die gesamte islamische Welt.

Heute wird das Fest in den meisten islamischen Ländern mit ein oder zwei Feiertagen begangen. Es ist davon auszugehen, dass Koranrezitationen und Prozessionen von Anfang an zu den Geburtstagsfeierlichkeiten gehörten. Heute können zu einem Geburtstagsfest Muhammads oder auch anderer Persönlichkeiten der islamischen Geschichte Gebete, Predigten, Koranrezitationen, Gedichte, das Erzählen von Wunderberichten aus Muhammads Leben, Essen, Tanz, das Verteilen von Almosen, Kerzenprozessionen u. a. gehören. Mit den Feiern gehen häufig Veranstaltungen von Mystikerorden Hand in Hand.

Geschlechtertrennung

Die Geschlechtertrennung im privaten, öffentlichen und religiösen Bereich ist in der islamischen Welt weitgehend Praxis und hat ihre Wurzeln teilweise in Werten der nahöstlichen Kultur, teilweise in der Religion. Schon der Koran gibt etliche Hinweise auf die Trennung von Lebens-, Aufgaben- und Autoritätsbereich von Mann und Frau. Der vorrangige Lebensbereich für die Frau ist das Haus, ihr Aufgabenfeld der Haushalt und die Kindererziehung. Auf die in diesem Bereich anfallenden Entscheidungen erstreckt sich auch ihre Autoritätsstellung. (Darüber hinausgehende Entscheidungen kann sie meist nur indirekt zu erwirken versuchen.) Der Lebensbereich des Mannes ist die außerhäusliche Berufstätigkeit und der Gelderwerb, die öffentliche Religionsausübung in der Moschee, der Aufenthalt im öffentlichen Bereich und die Vertretung der Familie nach außen. Daher erstrecken sich die Entscheidungsbefugnisse des Mannes auf diesen äußeren Bereich, wobei seine Entscheidungen bezüglich des Wohnorts, des Schulbesuchs oder der Berufsausbildung der Kinder selbstverständlich nachhaltige Auswirkungen auf das familiäre Leben haben.

Im privaten Bereich

Der Koran verweist darauf, dass der Ehemann für seine Frau eine Morgengabe zu entrichten habe (eine Summe Geldes oder noch häufiger Schmuck und Sachwerte als

Absicherung für den Tag der Scheidung). Und weil sie
die Morgengebete entrichten und weil *»Gott sie [die
Männer] ausgezeichnet hat«*, stehen sie über den Frauen
(4,34). Daraus haben islamische Theologen den
Schluss gezogen, dass der Mann verpflichtet ist, in der
Regel allein für den Unterhalt seiner Frau und Familie
aufzukommen, ihm aber auch die oberste Entscheidungsgewalt über alle die Familie betreffenden Fragen
zusteht. Dass die Frau dem Mann gegenüber prinzipiell
zu Gehorsam verpflichtet ist, ist im Koran selbst (4,34)
und im islamischen Eherecht verankert.

Nach klassischer islamischer Auffassung kann die
Frau nicht gezwungen, ja nach Auffassung mancher
Theologen nicht einmal gebeten werden, zum Lebens-
unterhalt der Familie beizutragen. Dafür obliegt der
Ehefrau die Sorge für den Haushalt und die Erziehung
der Kinder, wobei Söhne mit zunehmendem Alter der
Mutter ent- und in die Lebenswelt der Männer hinein-
wachsen, während Töchter mit der Mutter denselben
Arbeitsbereich — den Haushalt — bis zum Tag ihrer
Eheschließung weiter teilen.

Mädchen werden in der islamischen Welt früh auf
ihre spätere Rolle als Hausfrau und Mutter hin erzogen.
Sie übernehmen in aller Regel schon in jungen Jahren Haushaltspflichten und sind meist bereits vor
der Pubertät in der Lage, die Mutter in allen Aufgaben
des Haushaltes zu vertreten. Dies hängt auch damit zusammen, dass Mädchen mit Eintritt der Pubertät zumindest im ländlichen Bereich prinzipiell als heirats-
fähig gelten. Auch die Fürsorge für jüngere Geschwister als Vorbereitung auf die spätere Mutterrolle gehört
für Mädchen zum Aufgabenfeld, das meist als selbst-

verständlicher betrachtet wird als der höhere Schulbesuch.

Jungen dagegen werden, wenn sie dem Kleinkindalter entwachsen sind, mit dem Vater vermehrt zum öffentlichen Bereich Zugang erhalten, auch zur Moschee. Im Schulbesuch, der Bewegungs- und Entscheidungsfreiheit, der Eigenverantwortlichkeit, sowie oft selbst in der medizinischen Versorgung genießen sie deutliche Privilegien vor ihren Schwestern, und zwar auch dann, wenn diese älter sind.

Die Geschlechtertrennung wird also einmal von der Aufgabenverteilung her, aber in gewissem Umfang auch im privaten Wohnbereich praktiziert. Wenn möglich, sind der Wohnbereich der Männer und Frauen voneinander getrennt (*Harem). Gehen Ehepaare gemeinsam aus, so ist jede Berührung und Zärtlichkeit in der Öffentlichkeit tabu, denn sie wird als unschicklich empfunden. Ja, die Frau geht nicht selten in gewissem Abstand hinter ihrem Mann.

Im öffentlichen Bereich

Aber nicht nur im privaten Bereich, vielmehr noch in der Öffentlichkeit wird die Geschlechtertrennung praktiziert. Der Mann ist prinzipiell für alle Kontakte zur Außenwelt zuständig, was nach Auffassung mancher Ehemänner auch die täglichen Besorgungen betrifft. Die Frau kann in korrekter Kleidung (je nach Landessitte und von Stadt zu Land unterschiedlich mit Mantel, Tschador [mantelartigem Ganzkörperschleier], einem Kleid und/oder Kopftuch) »sinnvolle« Gänge durch die Stadt machen, ist aber bei jedem Verlassen des Hauses prinzipiell auf die Erlaubnis ihres Mannes angewiesen. Es wird von ihr erwartet, dass sie keine unnötige Zeit außerhalb des Hauses verbringt, sondern ihre Besorgungen zügig erledigt und auf direktem Weg nach Hause zurückkehrt (Cafébesuche sind in der islamischen Welt traditionell Männern vorbehalten). Ohnehin sollte sie nicht alleine unterwegs sein, sondern am besten in Begleitung einiger (verwandter) Frauen oder ihres Mannes, Bruders, Sohnes oder Vaters. Sure 33, 32 - 33 + 53 richtet sich zunächst an die Frauen Muhammads, aufgrund deren Vorbildfunktion aber auch an alle muslimischen Frauen: »*O ihr Frauen des Propheten, ihr seid nicht wie irgendeine von den Frauen. Wenn ihr gottesfürchtig seid, dann seid nicht unterwürfig im Reden (gemeint ist wohl: mit fremden Männern), damit nicht einer, der in seinem Herzen eine Krankheit hat, (ergänze: nach euch) Verlangen bekommt! Und sprecht geziemende Worte. Und bleibt in eurem Haus!, putzt euch nicht heraus, wie man das früher im Heidentum zu tun pflegte, verrichtet das Gebet, gebt die Almosensteuer und gehorcht Gott und seinem Gesandten! ... Und wenn ihr die Frauen des Propheten um etwas bittet, das ihr benötigt, dann tut das hinter einem Vorhang! Auf diese Weise bleibt euer und ihr Herz eher rein*« (33, 32 - 33 + 53). Diese Verse werden dahingehend verstanden, dass es für eine Frau moralisch verwerflich ist, mit Männern außer mit den eigenen männlichen engsten Verwandten zu sprechen oder sie direkt anzusehen, sich außer Haus zu schmücken, sich für Gänge in die Stadt zu parfümieren (was insbesondere die Überlieferung missbilligt) und das Haus zu verlassen, wenn es zu vermeiden ist.

Der Mann hält sich seinerseits vom Frauenbereich und der Frauen zugedachten Arbeit fern. Wenn ein Mann Frauenarbeit verrichten würde, wie z. B. am Dorfbrunnen Wasser holen, würde er sich dem allgemeinen Gespött aussetzen, es sei denn, es bestände durch Krankheit o. ä. eine dringende Notwendigkeit dazu. Betritt er (z. B. am Dorfbrunnen) den Frauenbereich, muss er seinerseits die üblichen Anstandsregeln beachten, mit niemand unnötige Worte wechseln, sich nicht unnötig lange aufhalten und auch keinen Kontakt zu den Frauen aufnehmen.

Die eingeschränkte Bewegungsfreiheit der Frau hat ihre Wurzel außer im Koran auch in der islamischen Denkvoraussetzung, dass die Frau die Verführerin des Mannes ist, die das größere, schwerer zu zügelnde sexuelle Verlangen hat. Ihr Ehemann und die Gesellschaft müssen daher das Verhalten der Frau beständig kontrollieren. Es ist die Aufgabe der Frau, keinerlei Anlass zu Unmoral oder auch nur zum Verdacht der Unmoral zu geben, was durch das unvermeidbare Zusammentreffen mit dem anderen Geschlecht außerhalb des Hauses sehr leicht gegeben sein kann. Kontakte zu nicht verwandten Männern kämen einer Einladung zu Ehebruch und Unzucht gleich. Es wird als Aufgabe der Frau betrachtet, dies zu verhindern und Männern keinen Anlass zu unmoralischem Verhalten zu liefern, denn die Gefahr zur Unmoral geht immer von der Frau aus. Die Frau muss daher sehr auf die Wahrung ihres guten Rufes achten, da sie als Trägerin der Familienehre diese durch ihr Verhalten außer Haus sehr schnell aufs Spiel setzen kann (*Ehre und Schande). Befürchtet der Ehemann, dass ihr Ruf gefährdet wird oder hat er Anlass zur Klage, kann er der Frau das Verlassen des Hauses generell verbieten.

Die Geschlechtertrennung wird nach Möglichkeit auch bei der Schulbildung angestrebt, allerdings ist hier die Praxis von Land zu Land verschieden. Während in den meisten islamischen Ländern Männer und Frauen gemeinsam Vorlesungen an der Universität besuchen können, ist im Iran und Saudi-Arabien die Übertragung der Vorlesung eines männlichen Dozenten für Frauen über Videogerät die Regel. Wenn Mädchen nicht früh zu Hausarbeiten und Geschwisteraufsicht herangezogen werden und der Vater nicht allgemein gegen einen erweiterten Schulbesuch seiner Tochter eingestellt ist, dann kann die Tochter u. U. unter Wahrung der allgemeingültigen Anstandsregeln eine höhere Schule oder Universität besuchen. Immer wird ihr diese Erlaubnis jedoch unter der Maßgabe der Beendigung dieser »Freiheit« erteilt, wenn der gute Ruf des Mädchens und damit der ganzen Familie darunter zu leiden drohen.

Im religiösen Bereich

Auch in der Moschee sind Mann und Frau — wiederum begründet durch Moralauffassungen — in ihrer Gottesverehrung getrennt: Männer beten unten im (in größeren Moscheen oft sehr prächtigen) Hauptraum der Moschee, Frauen bestenfalls im abgesonderten hinteren Moscheebereich, häufiger jedoch in einem Raum im Keller oder einem mit Sichtblenden abgetrennten Obergeschoss, das oftmals weitaus bescheidener ausgestattet ist als der Hauptraum der Moschee. Ohnehin wird der Moscheebesuch der Frau in der islamischen Theologie nicht erwartet, ja, manchmal abgelehnt. Während für den Mann die Teilnahme am Freitagsgebet verpflichtend ist, wird von der Frau i. d. R. erwartet, dass sie das Gebet zu Hause verrichtet. Hinzu kommt, dass sie an Tagen ihrer Unreinheit (Menstruation, Wochenbett) keine Moschee betreten, keinen Koran berühren, kein rituelles Gebet sprechen und kein Fasten halten darf (* Unreinheit, rituelle).

Hadidja

Hadidja bint Huwaylid (um 554 – etwa 619) nimmt unter den Frauen der islamischen Geschichte eine herausragende Stellung ein: Sie war Muhammads erste Ehefrau, zu der er zu ihren Lebzeiten keine weitere hinzuheiratete. Sie war vermutlich die allererste Anhängerin des Islam.

Muhammad, der als Waise innerhalb seines Stammes, den Quraysh, sowie auch in seiner Sippe, den Banu Hashim, eine sozial untergeordnete Stellung innegehabt haben muss, heiratete etwa im Alter von 25 Jahren, um das Jahr 595 n. Chr., die wohl damals recht wohlhabende, rund 15 Jahre ältere Kaufmannswitwe Hadidja bint Huwaylid, die ebenfalls dem Stamm der Quraysh in Mekka angehörte.

Aus Muhammads Ehe mit Hadidja, von der man hauptsächlich aus dem Umstand, dass Muhammad zu ihren Lebzeiten keine weitere Frau hinzunahm, geschlossen hat, sie sei eine glückliche Ehe gewesen, gingen wahrscheinlich zwei Söhne und vier Töchter – Zainab, Umm Kulthum, Ruqayya und Fatima – hervor. Alle Söhne starben jedoch schon im Kindesalter.

Muhammad wurde um das Jahr 610 bei seinen Meditationen in einer Höhle in der Nähe seiner Geburtsstadt Mekka von Empfindungen überkommen – so die islamische Überlieferung –, die ihn stark verwirrten. Deshalb kehrte er voller Zweifel und Ängste nach Hause zurück, da er sich für dämonenbesessen hielt. Es war seine Ehefrau Hadidja, die ihm versicherte, er sei von Gott zum Gesandten auserwählt worden, so wie es ihm der Engel Gabriel übermittelt habe. Es sei seine Aufgabe und Pflicht, diese Botschaft Gottes seinen arabischen Landsleuten zu verkünden.

Hadidja starb etwa drei Jahre vor der Übersiedlung der ersten muslimischen Gemeinde von Mekka nach Medina 622 n. Chr. (der »hidjra«), also etwa im Jahr 619 im Alter von rund 65 Jahren. Nach ihrem Tod ging der damals etwa 50-jährige Muhammad noch etliche weitere Ehen ein (* Mütter der Gläubigen).

Harem

Der Begriff des »Harem« ist aus dem arabisch-nahöstlichen Sprachgebrauch bis nach Europa gedrungen. Eigentlich bezeichnet der arabische Begriff »harim« den »heiligen, unverletzlichen Ort«. Das dazugehörige Adjektiv »haram« entstammt dem juristischen Bereich und bezeichnet das, was »verboten«, »tabu«, »unverletzlich« oder auch »heilig« ist.

Der Begriff »haram« wird dort benutzt, wo es um absolute Verbote geht, bei denen es für Muslime keinen Ermessensspielraum gibt: So sind z. B. der Verzehr von Blut, Aas oder Schweinefleisch und der Genuss von Alkohohl »haram«, denn diese Lebensmittel sind Muslimen unter allen Umständen verboten, es sei denn, sie befänden sich in Lebensgefahr. »Haram« ist es aber auch, dass ein Mann zwei Schwestern, eine zu enge Verwandte wie z. B. seine Tochter oder seine »Milchschwester« heiratet, ein Mädchen, das nicht mit ihm verwandt ist, aber von derselben Amme ernährt wurde. Es ist »haram«, eine Moschee im Zustand der Unreinheit zu betreten (* Unreinheit, rituelle) oder bei einer nicht verwandten Frau andere Körperteile außer ihrem Gesicht und ihren Händen zu sehen.

»Haram« wird im Sinne von »heilig« benutzt, wenn es um den Bereich der Moschee geht. Mit »al-haraman«, »den beiden heiligen Stätten«, sind Mekka und Medina gemeint, die beiden heiligsten Städte der islamischen Welt noch vor Jerusalem, das an dritter Stelle steht. Mekka und Medina sind für Nichtmuslime »haram«,

d. h., die Städte selbst und ein weitläufiger Bezirk um Mekka und Medina dürfen nicht von Nichtmuslimen betreten (und damit verunreinigt) werden.

Der Bereich des »Haram« (von daher Harem) in Bezug auf die Ehefrau(en) eines Mannes ist derjenige des Hauses, der den Frauen vorbehalten ist. Dieser Bereich liegt in einem traditionellen muslimischen Haus so, dass Besucher ihn nicht unabsichtlich betreten können, ja gar nicht mit ihm in Berührung kommen. Dort verschleiern die Frauen sich nicht, da sie nicht befürchten müssen, von einem nichtverwandten männlichen Besucher überrascht zu werden. Serviert die Hausfrau einem Gast und ihrem Ehemann das Essen, zieht sie sich danach wieder in diesen Bereich zurück. Traditionellerweise wird sie nicht mit einem männlichen Gast zusammen essen. Sie nimmt einen weiblichen Gast mit in den Frauenbereich und isst dort mit ihm erst, wenn sie die Männer bedient hat, wobei sie die islamischen Anstandsregeln beachten muss (korrekte Kleidung, Niederschlagen der Augen, Vermeidung von jeder Berührung des männlichen Gastes, allgemeine Zurückhaltung).

Dieser Frauenbereich ist »haram« (verboten) für alle Männer, die nicht zu den engsten Verwandten gehören, und selbst ein Vaterbruder wird nicht den Frauenteil des Hauses betreten, denn es könnten sich dort außer seiner Schwägerin ja noch entferntere weibliche Verwandte oder Besucherinnen aufhalten, die er nicht unverschleiert sehen darf. Wer als Mann nicht zur Verwandtschaft gehört und in diesen Teil des Hauses vordringt, dem werden ehrlose Absichten unterstellt: er hat die Ehre des Oberhauptes dieser Familie erheblich verletzt und muss mit u. U. schweren Konsequenzen rechnen. Normalerweise wird er sich beim Hausherrn nach den Bewohnern dieses Teil des Hauses noch nicht einmal erkundigen. So gilt die im öffentlichen und religiösen Leben übliche * Geschlechtertrennung auch für den Privatbereich.

Im nichtstädtischen Bereich wohnen die Frauen oft in dem Teil des Hauses, der zum Innenhof hin liegt und nicht von der Straße her eingesehen werden kann. Im Innenhof sitzen die Frauen zusammen oder gehen ihrer Hausarbeit nach. Auch weibliche Gäste wohnen in diesem Teil des Hauses. Außer der Ehefrau (ggf. den Ehefrauen) wohnen dort die Töchter, sowie die Söhne, so lange sie im Kleinkindalter sind. Es gibt noch immer Frauen, die den Frauenwohnbereich ihres Hauses nur zweimal in ihrem Leben verlassen, nämlich bei ihrem Eintritt bei ihrer Eheschließung und bei ihrem Tod auf einer Totenbahre. (Mit Sicherheit hat diese völlige Abgeschlossenheit abgenommen, hat aber nicht aufgehört zu existieren.) Der Gedanke, dass es für die Frauen des Hauses grundsätzlich vorteilhafter ist, sich zu Hause aufzuhalten, als im öffentlichen Bereich, ist jedoch Allgemeingut nach Sure 33, 33: »*Und bleibt in eurem Haus. Und putzt euch nicht heraus, wie man das früher im Heidentum zu tun pflegte, verrichtet das Gebet, gebt die Almosensteuer und gehorcht Gott und seinem Gesandten.*« Wenn eine Frau das Haus verlässt, so soll das auf die notwendigsten Gänge beschränkt sein (Einkaufen, Arzt- und Verwandtenbesuche), wobei gerade die Einkäufe häufig auch von Männern erledigt werden.

Zu einem geflügelten Wort wurde der Begriff des »Harems« vor allem durch den umfangreichen Harem der osmanischen Sultane. Hier war der Harem nicht nur ein Teil des Palastes, in dem Töchter aufwuchsen und Ehefrauen von der Öffentlichkeit abgeschirmt wurden, sondern auch ein Ort der Intrige, der Politik, der Begünstigung, des Neides, ja, manchmal des Mordes. In diesem Harem befanden sich zur Blütezeit des Osmanischen Reiches im 17.-18. Jahrhundert mehrere hundert Frauen, die z. T. aus den christlichen Dörfern vor allem des Balkans an den osmanischen Hof gebracht und ausgebildet wurden und dann entweder Nebenfrauen des Sultans oder an die Würdenträger und Prinzen des Hofes verheiratet wurden.

Hochzeit

Die Hochzeit ist eines der wichtigsten Ereignisse im Leben von Mann und Frau, nicht jedoch ausschließlich in ihrem individuellen Zuschnitt, sondern vor allem als Verbindung zweier Familien. In der Regel heiratet das älteste Kind zuerst, es kann aber auch Abweichungen davon geben.

Ist der Ehevertrag von beiden Familien unterzeichnet worden, kann die Hochzeitsfeier stattfinden. Traditionellerweise feiern Männer und Frauen getrennt, ist die Hochzeitsfeier eher westlich zugeschnitten (was besonders bei türkischen Hochzeiten mehr und mehr der Fall ist), kann auch gemeinsam mit Musik und Tanz und großen Mengen hervorragenden Essens gefeiert werden.

Je nach Stand und Vermögen der Eltern fällt das Hochzeitsfest mehr oder weniger umfangreich aus. Auch nicht so begüterte Familien stürzen sich für eine Hochzeit und gute Bewirtung der Gäste oft in hohe Ausgaben, nicht selten auch in Schulden. Wer sich dazu finanziell und gesellschaftlich in der Lage sieht, wird ein bis zu siebentägiges Hochzeitsfest mit u. U. einigen hundert Menschen arrangieren. Die Aussteuer der Braut ist Gegenstand öffentlicher Begutachtung und wird manchmal zur »Vorführung« öffentlich durch die Straßen zum Haus des Bräutigams gefahren. Die Gäste bringen Geschenke mit, heutzutage auch Geldscheine, die der Braut an die Kleidung geheftet werden. Dabei wird darauf geachtet, dass das Geben und Nehmen zwischen den Familien im Gleichgewicht bleibt. Wer also

zur Hochzeit seiner Tochter von einer Familie eine
große Summe erhielt, muss bei einer Feier dieser Familie mindestens dieselbe Summe »zurückgeben«, besser
jedoch etwas mehr.

Die Frauen baden und enthaaren die Braut und
schmücken sie mit Hennazeichnungen auf den Innen-
seiten der Hände und Füße, was als glück- und segens-
verheißend gilt. Nicht selten trägt sie heute, vor allem im städtischen Bereich, in Anlehnung an westliche
Hochzeitsbräuche, ein weißes Brautkleid. Außerdem
wird sie an ihrer Hochzeit den Goldschmuck tragen,
der ein Teil ihrer Brautgabe und ihrer finanziellen Absicherung für den Fall ihrer Scheidung ist. Über die
Menge und Qualität des Schmuckes wird vor Abschluss
des Ehevertrages manchmal zäh verhandelt, denn die
Brauteltern werden versuchen, ihre Tochter möglichst
gut abzusichern.

Den Höhepunkt der Feier stellt die Abholung der
Braut in das Haus des Bräutigams dar, in dem traditionell die Männer gefeiert haben. Dort wird die Ehe vollzogen und als Beweis für die Jungfräulichkeit des Mädchens den weiblichen Verwandten, die vor der Tür des
Brautzimmers warten, das blutbefleckte Laken gezeigt,
das sie mit Freudentrillern begrüßen. Erst dann sind
alle mit der Eheschließung zufrieden und zugleich er-
leichtert, denn damit ist die Unbescholtenheit der
Braut und ihrer Familie erwiesen und ihr guter Ruf öffentlich bestätigt. »Versagt« der Bräutigam selbst in der
Hochzeitsnacht, liebt aber seine Frau, wird er ihre ver-
meintliche »Schande« vielleicht gnädig zudecken und
für einen »Ersatz« (z. B. Tierblut) sorgen. Tut er das
nicht, wird in solch einem Fall die »Schuld« auf die Frau

abgewälzt: kommen beide ohne Laken aus dem Raum (aus welchem Grund auch immer), gilt die Frau in den Augen der Verwandten als Schuldige, denn die Familien schließen daraus, dass die Braut keine Jungfrau gewesen sein kann. Es wird aufgrund des Augenscheins geschlossen, Worte geben nicht den Ausschlag. Daher greifen manche betroffenen Frauen ihrerseits vor der Hochzeit zu der Möglichkeit einer »Wiederherstellungsoperation« (was heutzutage nicht selten vorkommen soll). Hat die Braut ihren Ehemann vor der Hochzeit kennen gelernt und ist sich das Paar einig, kann die Täuschung auch gemeinsam geplant werden. Selbst wenn die weiblichen Verwandten etwas davon ahnen würden, wäre mit dem sichtbaren Beweis des Lakens der Ehre Genüge getan und das Gesicht vor der Gesellschaft gewahrt.

Kann der Beweis der Unbescholtenheit nicht erbracht werden und verhindern Mann oder Frau nicht durch ein kleines »Manöver« das drohende Unheil, wird die Braut mit Schimpf und Schande zu ihrer Familie zurückgeschickt. Dies bedeutet für die Familie des Mädchens und sie selbst die wohl größte denkbare Katastrophe und eine unermessliche Schande. Die Ehe wird geschieden, die Familie des Mannes ist tief gekränkt und wird sich betrogen und belogen fühlen und vor der ganzen Gesellschaft als Gedemütigte vorgeführt. Diese öffentliche für jedermann sichtbare Vorführung ist weitaus schlimmer als bloßes Gerede über einen verlorenen Ruf. Die Frau wird nach einem solchen Ereignis kaum noch Heiratschancen haben, da ihr Ruf völlig zerstört wurde. In dem Versuch, diese Schande von der Familie abzuwaschen, wird bestenfalls

ein männlicher Verwandter versuchen, die Frau aus
dem Gesichtskreis der Familie fortzubringen oder im
schlimmsten Fall sie sogar umzubringen.

Jungfräulichkeit ist noch immer das absolut höchste
Gut im Leben einer unverheirateten Frau, die sie unbedingt bis zur Ehe wahren muss, da sie sonst nicht nur
ihr Ansehen, sondern das ihrer ganzen Familie und deren Zukunft ruiniert. Für den Ehemann wird – trotz der
Warnungen des Korans vor Unzucht – nicht im selben
Maß Enthaltsamkeit vor der Ehe erwartet. Man geht davon aus, dass er schon einige »Erfahrungen« gesammelt
hat und nicht völlig unwissend in die Ehe geht. Außer in
seinem größeren gesellschaftlichen Bewegungsspielraum und der Tatsache, dass er niemand Rechenschaft
schuldig ist, so lange er gewisse Grenzen nicht über-
schreitet, liegt der Grund auch darin, dass er mit seinem
Verhalten nicht die Ehre der Familie gefährdet, während auf der Frau die Familienehre ruht (* Ehre und
Schande).

Homosexualität

Der Koran verurteilt die Homosexualität und droht den Be-
teiligten Strafen an, jedoch ohne ein konkretes Strafmaß zu
benennen (4, 16; 7, 80 - 81). In der Überlieferung wird die
Homosexualität unter die schlimmsten Verbrechen über-
haupt eingereiht, die »hadd-Vergehen« (»Grenzvergehen«,
mit denen der Täter das Recht Gottes verletzt). Nach Mei-
nung einiger Rechtsgelehrter sollten Homosexuelle daher
wie Ehebrecher bestraft werden. Dies bedeutet Todesstrafe
im Falle, dass der Homosexuelle verheiratet war und Aus-
peitschung im Falle, dass er ledig war.

Aufgrund der verurteilenden Haltung des Korans
und der Überlieferung und den vielen positiven Aussagen über die Ehe und deren legitimen Rahmen zur
Fortpflanzung im Koran wird die Homosexualität in
der islamischen Welt theologisch und gesellschaftlich
im Allgemeinen abgelehnt. Apologeten prangern bei
diesem Thema im selben Atemzug häufig den Westen
und die dort aus ihrer Perspektive weitverbreitete
Homosexualität, Prostitution, Drogensucht und Ver-
wahrlosung der Jugend an. Glaubt man diesen Stimmen allein, dürfte das Thema Homosexualität in der
islamischen Welt gar nicht existieren.

Tatsächlich unterscheidet sich dort die Beurteilung
und Wahrnehmung der Homosexualität erheblich von
der Haltung des Westens. In der islamischen Welt wird
Homosexualität keinesfalls als Alternative zur Ehe betrachtet, sondern im Regelfall wie Alkoholismus, Ehe-

bruch oder Apostasie (Abfall vom Islam) als gesell-
schaftszersetzend und widernatürlich. Allerdings bedeutet das nicht, dass es keine Homosexualität gäbe
oder in der Geschichte nicht gegeben hat. Ob sie nun
von der im öffentlichen und privaten Bereich prakti-
zierten * Geschlechtertrennung, der strikten Sexual-
moral und dem aufgrund wirtschaftlicher Notlagen teilweise späten Heiratsalter begünstigt und in welchem
Ausmaß sie praktiziert wird, darüber gibt es höchstens
Vermutungen, aber nirgends verlässliche Angaben. Allgemeine Äußerungen lassen jedoch vermuten, dass Homosexualität in der islamischen Welt kein Randthema
ist, sondern eine häufige Erscheinung.

   Aufgrund der nahöstlich-islamischen Auffassung
von Schande und schändlichen Dingen, die nicht öffentlich thematisiert werden, ist das Thema Homosexualität noch weithin ein Tabuthema. Das gilt im selben
Maß für die AIDS-Problematik, die lange Zeit »totge-
schwiegen« wurde. Heute können auch die islamischen
Länder dem Thema Aids nicht länger ausweichen, das
offiziell ebensowenig oder doch nur in ganz geringem
Ausmaß existieren dürfte wie die Themen Drogen-
abhängigkeit und Prostitution. Im Unterschied zur
westlichen Welt kann Homosexualität jedoch nirgends
propagiert werden, nicht auf staatliche Unterstützung
hoffen, noch sich öffentlich Gehör verschaffen oder
Forderungen nach Anerkennung und Gleichstellung
mit der Ehe stellen.

Kinder/Kinderlosigkeit

In der islamischen Welt wird die Liebe zu Kindern überall groß geschrieben. Die Überlieferung berichtet von der Kinderliebe Muhammads und der Prophetengefährten. Kinder gehören selbstverständlich zu einer Familie dazu und nehmen meist an Familienaktivitäten gleich welcher Art selbstverständlich teil. Kinder zu haben ist ein Zeichen des Segens Gottes, kinderlos zu bleiben, wird dagegen als Schande empfunden.

Wohl jedes muslimische Ehepaar wünscht sich Kinder, sie gehören zu einer islamischen Ehe selbstverständlich dazu. Kinder werden nicht als lästiges, karrierebehinderndes Anhängsel, sondern mit großer Liebe und Stolz als Geschenk Gottes betrachtet. Mag es auch heute Ehen in Großstädten geben, in denen der Kinderwunsch zugunsten einer Ausbildung oder Berufstätigkeit für einen begrenzten Zeitraum zurückgestellt wird, so ist die freiwillige Kinderlosigkeit auf mehrere Jahre und erst recht der dauerhafte freiwillige Verzicht auf Kinder in der islamischen Welt undenkbar. Nach wie vor spielen Kinder, insbesondere auf dem Land, bei der Bewältigung der täglichen Arbeit und für die Altersversorgung der Eltern eine wichtige Rolle. In den Kindern leben die Eltern über ihren eigenen Tod hinaus fort.

Kinder sind für den Bestand der Ehe daher sehr wichtig und gelten als Zeichen einer guten Ehe. Der Koran sagt: »*Vermögen und Söhne sind Schmuck des diesseitigen Lebens*« (18,46). Nach der Überlieferung zieht ein

Kind, das vor dem Vater stirbt, diesen ins Paradies hinein, weil es sich weigert, allein ins Paradies einzutreten.

Bekommt ein Ehepaar keine Kinder, lastet auf der Ehefrau enormer Druck, denn ihr wird dieser Umstand wohl so gut wie immer angelastet, obwohl der Koran betont, dass es Gott sei, der einen Menschen »*unfruchtbar*« machen könne (42,50). Zeitgenössische islamische Theologen verweisen darauf, dass eine medizinische Ursachenforschung und Behandlung der Kinderlosigkeit mit dem Islam vereinbar seien, solange es sich um keine »Leihmutterschaft« oder künstliche Befruchtung mit dem Samen eines fremden Mannes handle.

Kinderlosigkeit gilt als Schmach und Schande, zumeist als schuldhaftes Versagen der Ehefrau. Aber auch wer ausschließlich Töchter hat, wird von seinem Umfeld eventuell bemitleidet werden, obwohl schon der Koran sagt, dass es allein Gottes Entscheidung sei, ob ein Junge oder ein Mädchen geboren wird (42,49). Einen Sohn wünscht sich jedes Ehepaar allein deshalb, weil Töchter bei ihrer Heirat das Haus verlassen und traditionell bei der Schwiegerfamilie leben werden, die Eltern also kein Kind zur Altersversorgung zurückbehalten werden.

Es kann durchaus vorkommen, dass ein Vater, der in der islamischen Welt nach der Zahl seiner Kinder gefragt wird, mit der Zahl »drei« antwortet, damit aber nur seine Söhne benennt, obwohl er auch noch mehrere Töchter hat. Auch Muhammad wurde, wie der Koran berichtet, von seinen Landsleuten verspottet, weil ihm von seinen Frauen zwar mehrere Söhne geboren wurden, diese jedoch alle im Kindesalter starben und bei seinem Tod nur noch Töchter lebten (108,3).

Wegen der mit der Kinderlosigkeit verbundenen
Schande wird eine Ehefrau ohne Kind nach Ablauf des
ersten, spätestens aber im zweiten Ehejahr zunehmend
verzweifelt Hilfe suchen — entweder bei einer Wunder-
heilerin und ihren magischen Praktiken, bei einer Wallfahrt zu einem Heiligtum, um dort Fruchtbarkeit zu er-
flehen, um ein Gelübde zu leisten oder ein Opfer zu
bringen oder auch bei der westlichen Medizin. Erfüllt
sich der Kinderwunsch des Ehepaares auf lange Sicht
nicht, wird der Ehemann sich möglicherweise von seiner Frau scheiden lassen, denn noch heute ist Kinderlosigkeit ein wichtiger Scheidungsgrund. Sofern der
Ehemann dazu finanziell in der Lage ist, besteht auch
prinzipiell die Möglichkeit, dass er eine zweite, dritte
oder vierte Frau hinzuheiratet.

Wird ein Kind in eine muslimische Familie geboren,
herrscht viel Freude, die noch größer ist, wenn das Neugeborene ein Junge ist. Die Geburt eines Jungen verbessert die Stellung und das Ansehen der jungen Ehefrau in der Familie ihres Mannes, insbesondere dann,
wenn sie dort mit ihrem Ehemann lebt, wie es die Tradition vorschreibt. Dem Kind wird nach der Geburt sobald wie möglich das islamische Glaubensbekenntnis
ins rechte Ohr, der Gebetsruf ins linke Ohr gesprochen.
Verschiedene magische Schutzpraktiken wie z. B. in die
Kleidung eingenähte blaue Perlen oder dass das Neugeborene die ersten 40 Tage nicht außer Haus mitge-
nommen wird, sollen das Kind vor dem gefürchteten
»Bösen Blick« schützen, denn noch immer werden
Krankheit und die mancherorts in der islamischen Welt
hohe Säuglingssterblichkeit vor allem auf die Wirkung
des »Bösen Blicks« zurückgeführt.

Kleidung/Kopfbedeckung

Kleidung

Angemessen gekleidet zu sein, ist in der islamischen Welt nicht nur eine Frage des Anstands, sondern darüber hinaus mit der Religionsausübung verbunden. Nur der korrekt Gekleidete kann das rituelle Gebet vollziehen oder eine Moschee betreten. Die Vorschriften zu angemessener Kleidung für Frauen werden aus dem Koran abgeleitet, aber in ihren konkreten Ausführungsbestimmungen von Land zu Land verschieden ausgelegt. Weiterhin enthalten Überlieferungstexte Kleidungsvorschriften für Männer und Frauen.

Der Koran richtet einige ermahnende Verse an Muhammads Frauen, sich beim Verlassen des Hauses zu bedecken: *»O Prophet! Sprich zu deinen Ehefrauen und Töchtern und zu den Frauen der Gläubigen, sie sollen ihre Gewänder tief über sich ziehen. So ist es am ehesten gewährleistet, dass sie erkannt und nicht belästigt werden. Gott aber ist barmherzig und bereit, zu vergeben«* (33,59). Ähnlich Sure 24,31: *»Und sag den gläubigen Frauen, sie sollen ihre Augen niederschlagen, und sie sollen ihre Scham bewahren, den Schmuck, den sie tragen, nicht offen zeigen ...«*

Diese Anweisungen sind recht allgemeiner Natur und richten sich zunächst einmal an die Töchter und Ehefrauen Muhammads und an die Frauen der damaligen Zeit. Wie angemessene Kleidung zur Zeit Muhammads ausgesehen hat und ob und in welcher Hinsicht sich die Kleidung der gläubigen Musliminnen von den

Nichtmusliminnen unterschied, darüber kann es nur
Vermutungen geben. Es ist anzunehmen, dass eine
Kopfbedeckung ebenso wie lange, den Körper bede-
ckende Kleidung dazugehörten. Die Überlieferung
führt aus, dass vorschriftsmäßige Kleidung für Frauen
in einer Verhüllung des gesamten Körpers besteht, die
vielleicht nur das Gesicht und die Hände frei lässt.

Für einen Mann besteht korrekte Kleidung mindestens in der Verhüllung des Körpers vom Nabel bis zum
Knie. (Aus diesem Grund haben einige Staaten wie früher der Iran oder Afghanistan Fußballspielen in kurzen
Hosen untersagt.) Nur wer so und darüber hinaus sau-
ber gekleidet ist, darf das rituelle Gebet sprechen. Bei
der Pilgerfahrt besteht die korrekte Kleidung für den
Mann in zwei weißen ungesäumten Leintüchern, eventuell ergänzt von einem weiteren um die Schultern
(Frauen sind ganz bedeckt, mit Ausnahme des Gesich-
tes und der Hände). Dieses Pilgergewand wird meist
aufbewahrt und später als Leichentuch wiederverwen-
det.

Neben der Frage, was zurückhaltende Kleidung ist,
behandelt die Überlieferung einige Details, welche
Art der Kleidung von Muhammad oder den Prophetengefährten verworfen wurde. Bekannt ist z. B. das in
der Überlieferung ausgesprochene Verbot für Männer,
Seide und Gold(schmuck) zu tragen, womit im weiteren Sinne alle Übertreibung und aller zur Schau gestellte Luxus gemeint ist. Silber ist Männern jedoch erlaubt, denn Muhammad soll einen Silberring getragen
haben. Er soll gesagt haben: »*Tragt keine Seide, denn wer
sie in diesem Leben trägt, wird sie nicht im Jenseits tragen.*«

Schleier

Aus dem Koran lässt sich weder für die Kleidung noch für den Schleier oder Tschador (wörtlich: Zelt) bzw. das Kopftuch eine konkrete Anweisung ablesen, sondern allenfalls die Pflicht der Frauen zur Bedeckung an sich (s. o.). Es gibt Hinweise darauf, dass zu Muhammads Zeiten für muslimische Frauen keine Verschleierung vorgeschrieben war. Die genauen Kleidungsvorschriften, die heute in den verschiedenen Ländern in unterschiedlicher Weise praktiziert werden, sind das Ergebnis von Auslegungen der betreffenden Koranstellen zur zurückhaltenden Kleidung und einiger Überlieferungen, die die vorgeschriebene Bedeckung näher beschreiben. Im Übrigen haben sie ihre Wurzeln in der jeweiligen Landessitte und Tradition und eventuellen offiziellen Verlautbarungen, wie es etwa im Iran viele Jahre nach der iranischen Revolution mit dem vorgeschriebenen schwarzen Tschador der Fall war. Während in einigen Ländern, wie z.B. den Golfstaaten oder dem Jemen, Gesichtsschleier nicht selten sind, hat Afghanistan mit der Vorschrift der »Burqa« (wörtlich: Zelt) für Frauen einen Sonderweg beschritten. Die Burqa ist ein zeltähnlicher Überhang, der den Körper von Kopf bis Fuß einhüllt und für die Augen nur ein mit Stoff »vergittertes« kleines Sehfeld frei lässt.

Dass die Verschleierung bzw. Kopfbedeckung keine Sitte ist, die erst mit dem Islam im 7. Jahrhundert n. Chr. aufkam, scheint unbestritten. Der Islam hat jedoch diese Sitte — ähnlich wie die Mädchenbeschneidung — in die Religion integriert und das Tragen der Kopfbedeckung zum Kennzeichen von Zurückhaltung und Frömmigkeit erklärt (24, 31). Es hat in einigen wenigen islamischen Ländern vereinzelte Versuche gegeben, in dem Wunsch einer stärkeren Annäherung an den Westen und entsprechenden Modernisierung das Tragen des Schleiers zu untersagen. Kemal Atatürk verbot ihn im Anschluss an die Gründung der Türkischen Republik 1923 ebenso wie Reza Shah (regierte 1925-1941) im Iran im Jahr 1935. Sicherheitskräfte behinderten damals Frauen mit Schleier beim Einkauf und bei der Benutzung öffentlicher Verkehrsmittel im Iran. Beide Vorstöße scheiterten letztlich am Widerstand der Bevölkerung und wurden in den folgenden Jahren zurückgenommen.

Der Schleier wird heute in unterschiedlichen Farben (weiß, schwarz, dunkelblau, braun u. a.) und Formen getragen (als Kopftuch, Kopfschleier, der Hals, Kinn und Schultern bedeckt, als Tschador, der den ganzen Körper von Kopf bis Fuß verhüllt oder als Burqa, dem zeltähnlichen Überhang). Mädchen tragen ihn meist ab neun Jahren, manchmal auch früher. In der Diaspora der westlichen Welt ist eine Zunahme des Schleier- bzw. Kopftuchtragens gerade unter jungen Musliminnen zu beobachten und scheint dort häufig Ausdruck der kulturell-religiösen Rückbesinnung auf die eigene Tradition zu sein oder sogar ein Instrument der Abgrenzung gegen die westliche Gesellschaft. Der Schleier wird zum sichtbaren Ausdruck muslimischer Identität.

Während das Kopftuch aus westlicher Sicht meist als ein Instrument der Unterdrückung und der Einschränkung persönlicher Freiheiten der Frau gilt, wird es von vielen muslimischen Frauen vielmehr als öffentliche Erklärung eines moralischen Lebenswandels und als Schutz vor Berührungen und Blicken in der Öffentlichkeit angesehen. Das Kopftuch weist ihre Trägerin als ehrbare Frau aus, als der Religion, der Tradition und einem moralischen Lebenswandel verpflichtet. Aus der historisch tiefen Verwurzelung des Schleiers in der nahöstlichen Kultur und der Verknüpfung dieser Sitte mit der Religion des Islam wird verständlich, warum Frauen in überwiegender Zahl selbst bei freier Möglichkeit der Selbstbestimmung das Kopftuch bzw. die Verschleierung nicht ablegen würden.

Aus christlicher Sicht: Sowohl das Alte als auch das Neue Testament behandeln das Problem der gedanklichen sexuellen Gier, die durch das Anschauen einer Frau hervorgerufen werden kann. Das zehnte Gebot des Mose verurteilt das »Begehren« einer fremden Frau (2. Mose 20, 17) gleichermaßen wie Matthäus 5, 28: *»Ich aber sage euch: Wer eine Frau ansieht, sie zu begehren, der hat schon mit ihr die Ehe gebrochen in seinem Herzen.«* Aus beiden Stellen kann geschlussfolgert werden, dass dem Mann die eigentliche Verantwortung zugewiesen wird, Beherrschung zu üben. Das Problem unreiner Gedanken kann, auch unter Maßgabe, dass Frauen ihrerseits auf rücksichtsvolle Kleidung achten, nach biblischer Auffassung offensichtlich nicht dadurch gelöst werden, dass die Frau sich vollkommen verhüllt oder gar nicht mehr in der Öffentlichkeit in Erscheinung tritt. Allein dadurch, dass Jesus mehrfach mit Frauen sprach, ihre Gastfreundschaft in Anspruch nahm und Frauen selbstverständlich zur neutestamentlichen Gemeinde dazugehören, wird in der Bibel vorausgesetzt, dass ein zwischenmenschlicher Umgang von Frauen und Männern möglich und erlaubt ist.

Mann

Ob die Stammesgesellschaft der Arabischen Halbinsel vor dem Auftreten Muhammads matriarchalisch ausgerichtet war oder ob eine solche Gesellschaftsordnung im 7. Jahrhundert n. Chr. bereits der Vergangenheit angehörte und die Gesellschaft ausschließlich patriarchalisch orientiert war, darüber gibt es in der Forschung unterschiedliche Auffassungen. Fest steht, dass sich zur Zeit des Auftretens Muhammads ab 610 n. Chr. ein Mann im Vergleich zu einer Frau in einer rechtlich weitaus privilegierteren Stellung befand. Es ist zu vermuten, dass Muhammad die Stellung der Frau im islamischen Arabien tatsächlich verbessert hat. Ihre rechtliche Nachordnung, Benachteiligung und die Verfügungsgewalt des Mannes über sie hat Muhammad jedoch allenfalls abgemildert, nicht abgeschafft.

Der Islam bzw. der Koran schreibt diese Höherordnung des Mannes vor der Frau fest, wenn er in Sure 4, 34 formuliert: »*die Männer stehen über den Frauen*«, weil Gott »*die einen vor den anderen bevorzugt hat*«. Dass der Mann — obwohl *Mann und *Frau als Paar von Gott gleichermaßen geschaffen wurden — der Frau überlegen, ja ein höher begabterer, ja »vollständigerer« Mensch sei, wird von zahlreichen Theologen unterstrichen. Dem Mann wird zumindest von konservativeren Auslegern eine höhere Intelligenz, Unbestechlichkeit, Sachlichkeit und Rationalität zugeschrieben, während die Frau vielen Theologen als intellektuell weniger begabt, als emotional leicht in Aufruhr versetzbar, als unsachlich und weniger rational gilt. Diese Klassifizierungen werden von zeitgenössischen Theologen besonders dann bemüht, wenn es um eine Begründung für die im Koran verankerte ungleiche Bewertung von männlichen und weiblichen Zeugenaussagen vor Gericht geht, nach der die Zeugenaussage eines Mannes die Aussagen von zwei Frauen aufwiegt: »*Und nehmt zwei Männer von euch zu Zeugen! Und wenn es nicht zwei Männer sein können, dann sollen es ein Mann und zwei Frauen sein ... für den Fall, dass die eine von ihnen sich irrt, die eine die andere an den wahren Sachverhalt erinnere*« (2,282).

Gesellschaftliche Stellung

Dem Mann ist nach islamischem Verständnis der öffentliche Bereich zugewiesen, der Frau der Bereich innerhalb des Hauses und der Familie. Der Mann ist zum Unterhalt der Familie und zum Gelderwerb verpflichtet (*Ehe und Familie), seine Frau braucht dazu nichts beizutragen. Dem Mann stehen grundsätzlich alle Berufe offen, einer Frau bleiben bestimmte Sparten verschlossen (wie z. B. in einigen Ländern grundsätzlich das Richteramt) oder sind für sie nur sehr schwer erreichbar. Einem Sohn wird — sofern er nicht aus wirtschaftlichen Gründen so bald als möglich zum Familieneinkommen beitragen muss — in der Regel eine möglichst gute Schulbildung, ja vielleicht sogar der Besuch einer weiterführenden Schule oder einer Universität ermöglicht, während für seine Schwestern u. U. gar kein oder nur ein wenige Jahre umfassender Schulbesuch in Frage kommt.

Dem Mann steht es frei, seine Freizeit im öffentlichen Bereich zuzubringen, indem er z. B. Freunde trifft, einen Club oder ein Caféhaus besucht, das traditionell Männern vorbehalten ist. Kommt er nach Hause, soll er dort erwartet und versorgt werden, er ist jedoch seinerseits — im Gegensatz zu seiner Frau — keine Rechenschaft über seinen Verbleib schuldig, ja, diese Frage wird meist gar nicht thematisiert werden.

Ein junger Mann genießt in aller Regel, so lange er nicht in aufsehenerregender Weise über die gesellschaftlichen Stränge schlägt, einige Freiheiten und Privilegien. Da er nicht Träger der Familienehre (* Ehre und Schande) ist, kann er durch sein Verhalten nicht den Ruf seiner Familie gefährden. Diese Tatsache setzt ihn der familiären und öffentlichen Kontrolle weit weniger aus als das bei einem weiblichen Familienmitglied — z. B. seiner Schwester — der Fall wäre. Daher stehen ihm Ausbildungswege in einer anderen Stadt des Landes oder Auslandsaufenthalte zum Studium bzw. beruflichen Fortkommen grundsätzlich offen, während bei einer Frau bei gleichen Möglichkeiten vor allem moralische Bedenken ein solches Vorhaben mit großer Wahrscheinlichkeit zunichte machen würden.

Heiratet der junge Mann, so ist er als Ehemann und Vater bereits eine gewisse Respektsperson inner- und außerhalb des Hauses geworden. Ein älterer Mann mit erwachsenen Kindern, Schwiegerkindern und Enkeln ist eine sehr hoch zu achtende Autorität, der überall Respekt erwiesen wird. Der Koran ermahnt zur ehrerbietigen Behandlung der betagten Eltern: *»Und wenn einer von ihnen [Vater oder Mutter] oder beide bei dir hochbetagt geworden sind, dann sag nicht: ›Pfui‹ zu ihnen und* *fahr sie nicht an, sondern sprich ehrerbietig mit ihnen. Und senke für sie aus Barmherzigkeit den Flügel der Untergebenheit und sag: ›Mein Herr, erbarm dich ihrer, wie sie mich aufgezogen haben, als ich klein war‹«* (17,23-24).

Der religiöse Bereich

Es ist dem Mann vorbehalten, in der Moschee Vorbeter oder Imam (Moscheevorsteher), Lehrer (Hodscha) oder sogar Mufti (Erteiler von Rechtsgutachten) zu werden. Zwar soll es in der islamischen Geschichte immer wieder Frauen gegeben haben, die umfangreiches theologisches Wissen erwarben, das durchaus auch schriftlichen Niederschlag fand, im Allgemeinen ist jedoch die Welt der Theologie und der Koranlehre den Männern vorbehalten. Im Ausnahmefall ist es auch einer Frau gestattet, vor reinen Frauengruppen das Gebet zu leiten (dies gestattet auch die schiitische Splittergruppe der Zayditen).

Auch die Religionsausübung des Nichttheologen ist für den Mann umfassender und zugleich unkomplizierter als für die Frau: Nur für erwachsene Männer besteht die Pflicht, am Freitagsgebet in der größten Moschee der Stadt, der Freitagsmoschee, teilzunehmen, in dessen Zusammenhang es zu Diskussionen und Erörterungen von Themen öffentlichen Belangs kommen kann. Es ist ihm vorbehalten, jederzeit zum Gebet die Moschee zu besuchen oder sich dort einfach aufzuhalten. Beim Fasten, beim täglichen rituellen Gebet, beim Studium des Korans, beim Betreten der Moschee oder der Durchführung der Wallfahrt ist der Mann keinen

Behinderungen durch eine wiederkehrende rituelle Unreinheit und zusätzlichen Waschungen unterworfen und hat zudem, wenn er zusätzliche Tage fasten oder ein umfangreicheres Almosen geben möchte, aufgrund seiner Entscheidungsfreiheit und finanziellen Eigenständigkeit in seiner Religionsausübung größere und einfachere Möglichkeiten dazu als eine Frau.

Der familiäre Bereich

Im familiären Bereich ist der Ehemann und Vater das unbestrittene Oberhaupt der Familie. Ihm sind alle Familienmitglieder, einschließlich seiner Ehefrau, Respekt und Gehorsam schuldig, ja selbst seine Mutter wird sich, wenn der erwachsene Sohn in ihrem Haushalt lebt, im Konfliktfall seinen Wünschen fügen müssen, wenn sie nicht auf Umwegen ihren Willen durchsetzen kann.

Die prinzipielle Gehorsamspflicht der Ehefrau endet, wie muslimische Theologen ausführen, erst dort, wo ihr Ehemann etwas von ihr verlangt, was gegen die Bestimmungen des Islam verstößt. Unter Theologen wohl unbestritten ist das Recht des Ehemannes, zu bestimmen, wie oft und mit welchem Ziel seine Frau das Haus verlassen darf (bis dahin, dass er ihr das völlig verbieten kann) und anzuordnen, welche Besucher sie empfangen darf. Diese speziellen Fragen des Rechts auf Verbot unerwünschten Besuchs werden in der Überlieferung erörtert. Das heißt, der Ehemann hat prinzipiell das Recht, seiner Frau jeglichen Außenkontakt außerhalb der Familie – selbst für Besucher in seinem Haus –

zu untersagen und ihren Bewegungsspielraum absolut auf das Haus zu beschränken.

Hat der Mann sich noch nicht zu einer Sache geäußert oder bleiben ihm Ereignisse verborgen, mag die Familie Dinge tun, die er nicht billigen würde. Ja, manchmal ahnt er diese, so lange er jedoch nicht offen damit konfrontiert wird, muss er nicht dagegen vorgehen. Sind ihm jedoch Vorgänge — dass z. B. seine Tochter durch Unterhaltungen mit nichtverwandten Männern außerhalb des Hauses ihren Ruf gefährdet — zugetragen worden, muss er unbedingt handeln, wenn er sein Gesicht nicht verlieren möchte. Hat er dann Anordnungen zu einer Sache geäußert, müssen diese befolgt und ihm Gehorsam geleistet werden. Offener Widerspruch oder Rebellion, Frechheiten und Respektlosigkeiten gegen den Vater seitens der Kinder werden nicht nur innerhalb der Familie geächtet und u. U. streng bestraft, sondern auch von der Gesellschaft deutlich missbilligt.

Zur Anerkennung der väterlichen Position gehören auch eine Reihe von respektzollenden Verhaltensweisen wie z. B., den Vater zu bedienen, wenn er abends zum Essen nach Hause kommt, seine Gespräche nicht zu stören oder auch nicht in seiner Gegenwart zu rauchen. Diese Respektshaltung behalten Kinder bei, auch wenn sie bereits erwachsen sind.

Die Gehorsamspflicht der Ehefrau gegenüber ihrem Ehemann bedeutet ganz allgemein, dass sie es ist, die dafür verantwortlich ist, ihren Ehemann zufrieden zu stellen und sich seinen Anordnungen zu fügen. Das schließt auch den sexuellen Bereich mit ein. Der Koran schreibt dieses Recht des Ehemanns fest: »*Eure Frauen* *sind euch ein Saatfeld. Geht zu diesem Saatfeld, wo immer ihr wollt«* (2,223). Die Weigerung der Ehefrau in diesem Bereich, die in der Überlieferung mit dem Fluch der Engel bedroht ist, ist ein Scheidungsgrund (*Sexualität).

Sein Recht auf Gehorsam kann der Ehemann einklagen: Zum einen ist die Gehorsamsleistung innerhalb der Ehe und Familie sein unbestrittenes Recht, aber auch die Gesellschaft wird sie nicht in Zweifel ziehen, solange der Ehemann sich seinerseits keiner groben Vergehen schuldig macht und z. B. seine Familie materiell nicht mehr versorgt. Selbst vor Gericht kann er seine Frau wegen Ungehorsam verklagen. Vom islamischen Eherecht ist ein Ehemann nicht mehr an seine Unterhaltspflicht gebunden, wenn seine Frau dauerhaft ungehorsam ist. Wenn er ihr Unterhalt leistet, muss sie ihm gehorchen, sofern sie ihm seinerseits keine grobe Vernachlässigung nachweisen kann.

Weigert sich die Frau, ihrem Ehemann Gehorsam zu leisten, kann er sein im Koran verbrieftes Züchtigungsrecht in Anspruch nehmen: *»Und wenn ihr befürchtet, dass [die] Frauen sich auflehnen, dann vermahnt sie, meidet sie im Ehebett und schlagt sie!«* (4,34). Zwar betonen manche Theologen, dass diese Züchtigung — sofern Ermahnung und sexuelle Vernachlässigung keine Wirkung gezeigt haben — stets »maßvoll« oder auch nur ganz leicht zu sein habe, aber in der Überlieferung finden sich etliche Berichte, die ein wirkliches »Schlagen« vermuten lassen. So ist z. B. davon die Rede, dass der Ehemann eine *»Peitsche«* oder einen *»Stock«* stets sichtbar in der Nähe der Tür aufhängen solle, damit die Frau allezeit vor Augen habe, was sie im Falle ihrer Aufleh-

nung erwarte. Auch wenn der Ehemann selbst keine
Absicht hat, seine Frau zu züchtigen — selbstverständlich wird nicht in allen muslimischen Ehen geschlagen — wird seine erweiterte Familie bzw. die Gesellschaft in bestimmten Situationen (wenn z. B. seine Frau
ihren guten Ruf in Gefahr bringt) von ihm erwarten,
sich nachdrücklich als ihr Herr und Oberhaupt der Familie auch nach außen zu beweisen. Tut er das nicht,
muss er seinerseits einen erheblichen Respektsverlust
in seinem Umfeld hinnehmen, der es ihm u. U. unmöglich machen kann, dort weiter in Frieden zu existieren.

Der rechtliche Bereich

Im Ehe- und Erbrecht ist der Mann der Frau übergeord-
net. Im Eherecht insofern, als dass nur ihm in Sure 4, 3
die Erlaubnis zur gleichzeitigen Ehe mit vier Frauen
gestattet wird (auch wenn nur ein Teil aller islamischen Ehen polygame Ehen sind). Die Scheidung ist für
ihn zumindest mit dem traditionellen Verfahren — der
Verstoßung — wesentlich einfacher als für die Ehefrau, die immer ein formelles Gerichtsverfahren anstrengen muss und dies nur in wenigen, klar umgrenz-
ten Fällen überhaupt kann. Die Kinder aus einer geschiedenen Ehe gehören immer dem Vater bzw. seiner
Familie. Im Erbrecht ist die Frau gegenüber dem Mann
insofern benachteiligt, als dass ein männlicher Erbe
immer das Doppelte des Erbteils einer weiblichen Er-
bin erhält.

Aus christlicher Sicht: Es ist unbestritten, dass der Ehemann im Islam außerhalb und innerhalb der Familie, in der Gesellschaft und der Religionsausübung über umfangreichere Rechte verfügt als die Ehefrau. Dem größeren Respekt, der Entscheidungsvollmacht und der Gehorsamsforderung gegen Frau und Kinder steht zwar auf der anderen Seite die Verpflichtung des Mannes zum Familienunterhalt und zur Fürsorge der ihm Untergebenen gegenüber, aber keine Selbstverpflichtung zur liebevollen Selbstaufopferung, zum Dienst am und zum Höherachten des Geringergestellten, wie es das Neue Testament für jede Autoritätsstellung fordert und in Jesus Christus, z. B. in der Fußwaschung, als absolutes Vorbild hinstellt (vgl. Epheser 5,21; Philipper 2,3-5). Eine erhöhte Position und umfangreichere Rechte ohne Verpflichtung zur Demut und Dienstbereitschaft neigen dazu, aufgrund der Natur des Menschen zu Tyrannei und Unterdrückung Untergebener auszuarten. So kann die Ehe ein Feld werden, auf dem der eine den anderen unterdrückt und willkürlich, manchmal gewalttätig behandelt, während der andere dies mit Gegenmaßnahmen abzuwehren sucht. Selbstverständlich betrifft dies nicht nur muslimische Ehen — christliche Ehen jedoch, die sich am biblischen Vorbild orientieren, sollten ihre Pflicht zum gegenseitigen Dienst und der Hingabe an den anderen leben (Epheser 4,32).

Maria

Maria (arab. Maryam) ist eine der wenigen Personen aus dem Neuen Testament und eine der wenigen Frauen, die im Koran überhaupt namentlich erwähnt werden. Eine ganze Sure (Sure 19) ist nach ihr benannt. Es scheint, als ob Muhammad Maria — zumindest anfangs — mit der Mirjam des Alten Testaments verwechselt hat, wenn er sie als »Schwester Aarons« (19,28) bezeichnet. Sie spielt im Koran vor allem als Mutter des hochgeachteten, sündlosen Propheten Jesus Christus, der dem Volk Israel die Botschaft Gottes überbrachte, eine vergleichsweise wichtige Rolle. Nicht nur das koranische Jesusbild, auch das koranische Mariabild weist darauf hin, dass Muhammad Zugang nicht nur zu biblischen, sondern wahrscheinlich auch zu außerbiblischen Quellen (Apokryphen, Pseudoevangelien, Traditionen) gehabt haben muss.

Maria wird im Koran als »*Mutter Jesu*« bezeichnet und als »*Tochter 'Imrans*« (66,12), dessen Sippe von Gott »*... vor den Menschen in aller Welt auserwählt*« worden ist (3,33). Da im Alten Testament der Vater von Mose, Aaron und Mirjam 'Amram genannt wird (4. Mose 26,59), weist auch die Ähnlichkeit von 'Amram und 'Imran auf die erwähnte Gleichsetzung von Maryam mit Mirjam im Koran hin.

Sure 3,35-37 berichtet von der Zeit vor Marias Geburt. Ihre Mutter weiht Maria vor ihrer Geburt bereits Gott — in der Annahme, dass sie einen Jungen zur Welt bringen wird — denn sie »*möchte, dass sie und ihre Nach-*

kommen bei dir (= Gott) Zuflucht finden vor dem verfluch-
ten Satan« (3,36). Später ist die Mutter Marias ent-
täuscht, dass ihr statt des erhofften Sohnes eine Tochter
geboren wird (3,36). Maria wohnt später im Tempel
und wird dort von Zacharias »*betreut*« (3,37), der sie mit
Gottes Gaben versorgt, sooft er zu ihr in den Tempel
kommt.

Auch Maria ist wie Jesus von Gott zu einem »*Zei-*
chen« (arab. aya) für die Menschen gemacht worden
(23,50; 21,91), d. h., dass Menschen an Maria Gott und
sein Handeln erkennen können. In Sure 66,10 ff. wird
dem »*treulosen*« Verhalten der Frau Noahs und Lots —
sie gehen dafür ins Höllenfeuer ein — Marias löbliches
Verhalten gegenübergestellt: Marias »Keuschheit«, ihr
Glaube an Gott und seine »Schriften« und ihre Demut
werden lobend hervorgehoben, so dass Gott an und mit
ihr handeln kann. Zwar bezeichnet der Koran Maria
nicht direkt als »Jungfrau«, aber er weist zwischen den
Zeilen auf eine Jungfrauengeburt hin, wenn es heißt:
»*Und auch Maryam, der Tochter 'Imrans, die sich keusch*
bewahrte, worauf wir in ihre Scham von unserem Geist ein-
hauchten. Und sie glaubte an die Worte ihres Herrn und an
seine Schriften und gehörte zu denen, die Gott demütig erge-
ben sind« (66,12).

Ein Gesandter verkündet ihr die Geburt eines Kindes (3,47; 19,20). Dieser Gesandte ist in der islamischen Theologie überwiegend mit dem Engel Gabriel
identifiziert worden. Bald hat Maria ihr Erschrecken
über diese Nachricht überwunden, obwohl sie doch mit
keinem Mann verheiratet ist. Später bezeugt Maria ihre
Unbescholtenheit auch gegen die Verleumdung anderer Menschen (4,156; 5,75), die sie der Hurerei bezich-

tigen wollen. In der ausführlichen Beschreibung der Umstände der Geburt Jesu in Sure 19 ergreift sogar der neugeborene Jesus das Wort, als er seine Mutter Vorwürfen wegen Hurerei ausgesetzt sieht (19,27 ff.). Diese Unbescholtenheit Marias wird also von vier Seiten, d. h. von ihr selbst, von Gott, von Jesus und dem Gesandten (Gabriel) als unbezweifelbare Tatsache dargestellt und mehrfach unterstrichen.

Als der Engel Gottes verkündigt, dass Gott Maria *»rein gemacht«* habe und dass er sie vor allen anderen Frauen der Welt auserwählt habe, wird sie ermahnt, Gott gegenüber demütig zu sein und sich ihm zu ergeben (3,42-43). Die Überlieferung ist der Auffassung, Gabriel sei Maria als bartloser Jüngling mit leuchtendem Angesicht und lockigem Haar erschienen. Er habe seinen Atem in Marias Hemd gehaucht und als sie dieses Hemd wieder anzog, sei sie schwanger geworden. Andere Überlieferungen meinen, der Geist Jesu sei durch Marias Mund auf sie gekommen.

Maria bringt Jesus unter einer Palme zur Welt (19, 23). In ihrer Verzweiflung über die Geburtswehen wünscht sie sich den Tod, aber der gerade geborene Jesus tröstet sie mit dem Hinweis auf die Möglichkeit, durch Wasser und Datteln von der Palme Stärkung zu finden (19,24-26). Jesus gibt seiner Mutter die Anweisung, wenn die Menschen ihr zu seiner Geburt Fragen stellen, still zu schweigen. Er selbst antwortet den Menschen mit dem Hinweis, ein Gesandter Gottes zu sein und das (islamische) Gebet zu verrichten und Almosen zu geben (19,30-31), also ein Verkünder des Islam zu sein.

Maria sei, aufgrund ihrer Gottergebenheit und Reinheit, wie Korankommentatoren meinen, die erste unter den Frauen des Paradieses. »*Demütig ergeben*« zu sein gehört zu den koranischen Anweisungen für alle Frauen (4,34).

Maria gehört zu den vier besten Frauen, die je gelebt haben. Die islamische Theologie hat Maria später wie allen Propheten im Koran Sündlosigkeit zugeschrieben. Die Frage, ob Maria allerdings auch als Prophetin betrachtet wird, verneinen die meisten islamischen Theologen.

Im Volksislam genießt Maria eine ähnlich hohe Verehrung wie * Fatima, die Tochter Muhammads. In der islamischen Welt gibt es Marien-Wallfahrtsstätten (wie in Matariyya bei Kairo oder Jerusalem), die von Christen und Muslimen gleichermaßen besucht werden. Auch in der islamischen Mystik genießt Maria als heilige Frau hohe Verehrung.

Der Koran lehnt den Gedanken der Dreieinigkeit ab, die er allerdings so auffasst, dass Christen Gott, den Vater, Jesus, den Sohn und Maria als »Mutter Gottes« verehren, wobei die Schuld für den Koran allerdings auf Seiten der Christen und ihrer irrigen Auffassungen liegt, von denen sie nicht abweichen mögen (5,116). Möglicherweise hat Muhammad von einigen christlichen Gruppierungen seines Umfeldes gehört, dass Maria als »Gottesgebärerin« verehrt wurde und daraus geschlossen, sie sei die »Mutter Gottes«.

Manche muslimischen Theologen haben angenommen, aus Sure 23,50 könnte unter Umständen auf eine Himmelfahrt Marias und ihre sofortige Aufnahme ins Paradies geschlossen werden: »*Und wir haben den Sohn der Maria und seine Mutter zu einem Zeichen gemacht. Und wir gewährten ihnen Unterkunft auf einem flachen*

Höhenzug mit Grund und Quellwasser« (23,50). Diese
Anschauung ergibt sich allerdings nicht direkt aus dem
Text. Sie entsteht lediglich aus der Annahme, dass ein
»flacher Höhenzug« oder eine *»Anhöhe«* mit *»Quellwasser«*
ein Euphemismus für das Paradies sein könnten. Vielleicht spiegeln sich hier auch Glaubensauffassungen
über eine Himmelfahrt Marias aus Glaubensbekennt-
nissen der Ostkirchen wider.

Aus christlicher Sicht: Zwar weist Maria im Koran
oberflächlich betrachtet einige Ähnlichkeiten zur Person Marias auf, wie sie im Neuen Testament beschrie-
ben wird, aber die Unterschiede sind noch gravieren-
der. Im Neuen Testament wird Maria von Gott auserwählt, den Gottessohn und Erlöser in dem kleinen Ort
Bethlehem in einem Stall der alttestamentlichen Ver-
heißung entsprechend zur Welt zu bringen. Sie ist
selbst weder sündlos noch wird sie auf übernatürliche
Weise von Gott gerechtfertigt noch ist ihr Sohn gekommen, um den Islam zu verkünden. Gewissermaßen als
»Nebenschauplatz« verfolgt das Neue Testament das
Leben Marias und ihr Verständnis des Heilsplanes
Gottes bis zu Jesu Tod und seiner Auferstehung; diese
Dimension fehlt im Koran ganz und gar. Hier ist die
Person Marias nur insofern von Bedeutung, als sie
Mutter eines der wichtigsten Propheten, Jesus, wird
und Gott seine Macht an ihr erweist. Als historische, ei-
genständige Persönlichkeit kommt Maria im Koran
nicht zum Tragen.

Mütter der Gläubigen

Als »Mütter der Gläubigen« bezeichnet der Koran in Sure 33, 6 die zahlreichen Frauen Muhammads. Außer diesen werden die Frauen der Prophetengefährten zu den »Müttern der Gläubigen« hinzugerechnet.

Soweit die Berichte der Überlieferung Schlüsse zulassen, heiratete Muhammad während seines Lebens dreizehn oder vierzehn Frauen; die genaue Zahl ist aufgrund der spärlichen Quellenlage nicht mit letzter Sicherheit auszumachen. Zudem spricht der Koran nur allgemein von »den Frauen« Muhammads. Nach der Überlieferung gehörten zu Muhammads Ehefrauen:

1. * Hadidja bint Huwaylid (ca. 554/555 - 619 n. Chr.)
2. Sauda bint Zam'a (geb. ca. 590 n. Chr.)
3. * 'Aischa bint Abi Bakri (ca. 614/615 - 678 n. Chr.)
4. Hafsa bint 'Umar (geb. 607 n. Chr.)
5. (Hind) Umm Salama bint Abi Umayya (geb. 597 n. Chr.)
6. Zainab bint Huzayma al-Hilaliyya (geb. ca. 596 n. Chr.)
7. Djuwayria bint al-Harith (geb. ca. 607 n. Chr.)
8. Zainab bint Djahsh (geb. 589 n. Chr.)
9. Mariya, eine Koptin, sie blieb Nebenfrau
10. (Ramla) Umm Habiba bint Abi Sufyan (geb. ca. 593 n. Chr.)
11. Safiya bint Huyayy ibn Ahtab, eine Jüdin (geb. 611 n. Chr.)

12: Maymuna bint al-Harith (geb. 602 n. Chr.)

13. Rayhana bint Zayd, eine Jüdin, sie blieb Nebenfrau

Darüber hinaus gibt es verstreute Angaben über weitere 16 Frauen, die teilweise Muhammads Frauen, teilweise seine Nebenfrauen (Frauen, mit denen Muhammad in eheähnlichen Verhältnissen lebte) gewesen sein sollen; diese Angaben entbehren aber sicherer historischer Grundlage. Ob einige von ihnen zeitweise mit Muhammad verbunden oder sogar verheiratet waren, ist nicht sicher auszumachen; gewiss ist nur, dass keine von ihnen eine länger anhaltende (eheliche) Beziehung zu Muhammad hatte. Einige von ihnen sollen vor der tatsächlichen Eheschließung gestorben sein, andere soll Muhammad noch vor Vollzug der Ehe verstoßen haben.

Die Namen von sieben weiteren Frauen, über die wegen einer Heirat mit Muhammad verhandelt wurde, sind bekannt; aus unterschiedlichen Gründen kam es jedoch nicht zu einer Eheschließung.

Und schließlich gab es Frauen, die, wie die Überlieferung es formuliert, »sich dem Propheten aus freien Stücken schenkten«, d. h., ohne Mitgiftverhandlungen und ohne dass – wie zur frühislamischen Zeit und bis heute üblich – mittels ihres Vormundes mit dem Ehemann (Muhammad) über eine Heirat verhandelt worden wäre.

Drei der oben genannten Ehefrauen waren zum Todeszeitpunkt Muhammads im Jahr 632 n. Chr. bereits verstorben, und Mariya, die Koptin, war nicht Ehefrau, sondern Nebenfrau. Die übrigen neun Frauen gelten als »Mütter der Gläubigen«, d. h. als Vorbild in Frömmigkeit und Lebensführung für alle anderen muslimischen Frauen der Geschichte.

Außer Frage steht, dass Muhammads Eheschließungen teilweise politisch motiviert waren. Angefangen von *'Aischa, der Tochter des wohl einflussreichsten Heerführers Abu Bakr, verbanden ihn über so gut wie alle Ehefrauen verwandtschaftliche Bindungen mit bedeutenden Persönlichkeiten seines Umfeldes.

Muslimische Apologeten haben stets betont, dass Muhammad gewissermaßen aus Selbstlosigkeit alle diese Frauen heiratete, weil ihre Ehemänner in den zahlreichen Schlachten der ersten islamischen Gemeinde gegen die jüdischen und arabischen Stämme Medinas und seines Umlandes umgekommen waren und Muhammad ihnen mit seiner Heirat eine Versorgungsmöglichkeit bieten wollte. Zwar sollen außer 'Aischa alle Frauen mit Muhammad nicht ihre erste Ehe eingegangen sein, d. h., sie waren geschieden oder verwitwet, und einige der Frauen, Djuwayriya, Safiya und Rayhana, wurden an Muhammad als Kriegsbeute verheiratet. Aber für Hadidja und insbesondere 'Aischa trifft es nicht zu, dass Muhammad ihnen eine Versorgung hätte bieten müssen, die sie andernfalls entbehrt hätten. Noch stärker widerspricht dieser Theorie der Fall von Zainab (*Adoption), von der selbst die islamische Überlieferung berichtet, dass es ihre Schönheit war, die Muhammad so gut gefiel, dass sie für ihn sogar von ihrem Mann geschieden und mit Muhammad verheiratet werden musste, obwohl dafür die gültigen Ehegesetze umgestoßen und durch eine neue »Offenbarung« ersetzt werden mussten.

Um der in Sure 4, 3 angemahnten Gerechtigkeit zwischen den Frauen Genüge zu tun, berichtet die Überlieferung, dass Muhammad (angeblich streng regelmäßig) jede Nacht reihum bei einer anderen Frau verbracht habe, wobei eine Frau einer anderen Nächte »schenken« konnte. Gleichzeitig wird in der Überlieferung an zahlreichen Stellen berichtet, dass 'Aischa die »Lieblingsfrau« Muhammads gewesen sein muss.

An die Frauen Muhammads richten sich eine Reihe von Koranversen zum korrekten Verhalten innerhalb und außerhalb der Familie, zur Zurückhaltung im Umgang mit nicht verwandten Männern, zur Zurückgezogenheit ins eigene Haus und Zurückhaltung im Umgang mit »Schmuck« und »Putz« (33,32-33). Zwar richten sich diese Verse streng genommen nur an die Frauen Muhammads, sind jedoch später als normativ für alle Frauen aufgefasst worden, da die »Mütter der Gläubigen« für alle muslimischen Frauen ein nachzuahmendes Vorbild darstellen.

Die islamische Überlieferung zeichnet von den »Müttern der Gläubigen« ein mehrschichtiges Bild. Einerseits werden sie als Vorbilder in moralischer und religiöser Hinsicht ausgewiesen, da sie als Ehefrauen Muhammads den »eigentlichen Islam« gelebt und erlebt haben sollen. Auf der anderen Seite berichtet die Überlieferung aber auch von zahllosen Streitigkeiten und Eifersuchtsszenen unter den Frauen Muhammads, von Gefühlsausbrüchen und ihrer Auflehnung gegen bestimmte Anordnungen Muhammads.

Aus christlicher Sicht: Natürlich wurden die zahlreichen Eheschließungen Muhammads von Autoren unterschiedlicher Weltanschauung oftmals heftig kritisiert. Tatsache ist, dass der Verkünder des Islam, der nicht nur mit seinen Offenbarungen, sondern auch mit seiner Lebensführung der nachfolgenden muslimischen Gemeinde ein Beispiel setzte, das es nachzuahmen gilt, durch Offenbarungen legitimierte Rechte für sich in Anspruch nahm, die anderen vorenthalten waren. Dass eine Person, die – und sei es stellvertretend – Gesetze erlässt, diese Gesetze selbst in vorbildlicher Weise zu befolgen hat, ist ein zutiefst christlicher Gedanke. Das biblische Zeugnis geht davon aus, dass der König, ja der Hohepriester in besonderer Weise unter, nicht über dem Gesetz stehen. König David wurde nicht umsonst mit dem Tod seines ersten Sohnes so hart bestraft, weil er sich mit Ehebruch und Mord des Machtmissbrauches schuldig gemacht, sich also als König über das Gesetz gestellt hatte. Ja, selbst der Gottessohn Jesus Christus zeichnet sich durch seinen absoluten Gehorsam gegen das Gesetz Gottes aus. Er unterstellt sich dem Gesetz und damit Gott, dem Vater, setzt es nicht außer Kraft, um für sich eine Ausnahme zu machen.

Daher bieten aus christlicher Perspektive diese und andere »Sonderrechte«, die Muhammad für seine Person in Anspruch nahm, Anlass zu grundsätzlicher Kritik. Muslimische Apologeten haben dagegen stets betont: »*Bedeutende Persönlichkeiten fallen nicht unter das Gesetz ... Denn die Gesetze, die für die Menschen gelten, sind nicht auf bedeutende Personen anwendbar. Somit ist nahe liegend, dass sie erst recht keine Macht über die Gesandten und Propheten haben!*«[*]. Damit würde bei der Er-

---

[*] Muhammad Hussain Haykal. Das Leben Muhammads, Dr. Kermani GmbH: Siegen 1987, S. 283.

füllung des Gesetzes mit zweierlei Maß gemessen, oder aber, anders gesagt, die Gleichheit aller Menschen vor dem Gesetz »ohne Ansehen der Person« (Jakobus 2, 1 - 13; Kolosser 4, 1) — ebenfalls ein zutiefst christlicher Gedanke, — wäre von Muhammad für seine eigene Person aufgehoben worden.

Sexualität

Sexualität hat im Islam, wenn sie innerhalb ihres legalen Rahmens praktiziert wird, grundsätzlich keine negative Konnotation. Im Islam wird die Ausübung von Sexualität als ein natürliches Bedürfnis des Menschen bejaht, dessen Erfüllung allerdings nur innerhalb der Ehe legitim ist. Eine Ehe einzugehen ist das Recht eines jeden, wer aber nicht heiraten kann, »soll Enthaltsamkeit üben« (24,33). Prostitution (24,33) und * Homosexualität (4,16) werden im Koran verurteilt.

Grundsätzlich gibt es kein Mönchtum im Islam. Der Koran verurteilt das Mönchtum als eine »menschliche Erfindung«, die erdacht wurde, um Gott zu gefallen, aber von seinen Verfechtern nicht wirklich eingehalten werden kann (57,27). Der Islam kennt also kein Plädoyer für einen freiwilligen Verzicht auf Ehe und Familie mit dem Ziel des vollzeitlichen Dienstes für Gott. Es gibt kein Zölibat für geistliche Würdenträger. Die * Ehe ist in der islamischen Welt die Norm, die * Ehelosigkeit die absolute, in der Regel unter dem Zwang der Umstände zustande gekommene Ausnahme oder aber ein Zustand von vorübergehender Dauer. Es wird davon ausgegangen, dass jeder Mensch in der Ehe den legitimen Rahmen zur Ausübung von Sexualität finden soll.

In gewissem Sinn ist die eheliche Sexualität im islamischen Kontext selbstverständlich. Selbstverständlich in dem Sinn, dass das Thema Frauen und Männer unter sich meist offen und häufig thematisieren, selbstver-

ständlich aber auch in dem Sinn, dass man davon ausgeht, dass Sexualität immer dort praktiziert wird, wo die
Gelegenheit dazu besteht. D. h. dort, wo sich ein Mann
und eine Frau alleine gemeinsam aufhalten, geht man
davon aus, dass dies mit dem Ziel und Wunsch der sexuellen Intimität arrangiert wurde und der sexuelle Kontakt dann in jedem Fall auch stattfindet. Einen »neutra-
len« Bereich — den Bereich von Kameradschaft etwa
oder gemeinsamer Arbeit — zwischen einem Mann und
einer nicht mit ihm verwandten Frau gibt es aus islamischer Sicht nicht.

Die Überlieferung formuliert dementsprechend:
*»Ein Mann befindet sich nie allein mit einer Frau, ohne dass
nicht der Teufel sich als Dritter zu ihnen gesellt.«* Man geht
davon aus, dass es innerhalb weniger Minuten zu sexuellen Handlungen auch von miteinander völlig unbe-
kannten Personen kommen kann oder wird, sobald die
äußeren Umstände dies ermöglichen. Die Initiative, so
glaubt man, geht dabei von der Frau aus, denn — wie
manche Theologen formulieren — gilt sie als Verführerin des Mannes, der er in gewissem Maß hilflos ausgeliefert ist. Frauen sind gewissermaßen die Verkörpe-
rung der Sexualität, sie hegen eine große, ungezügelte
sexuelle Begierde, die die Frau nach Gelegenheiten
Ausschau halten lässt. In der Überlieferung, aber auch
in Schriften muslimischer Theologen zur Ehe wird die
Frau häufig als listig, untreu, rebellisch und verführe-
risch dargestellt. Diese Begierde der Frau muss gezü-
gelt werden, indem sie durch die Familie und Gesellschaft kontrolliert wird, das Haus nur in dringenden
Fällen und dann nie allein, immer verschleiert oder bedeckt verlässt und jeden Kontakt zu Männern außer-

halb der Familie vermeidet. Besonders offen getragene Haare gelten als Mittel der Verführung, wie auch Parfüm, das außer Haus benutzt wird. Deshalb, so die Meinung vieler Theologen, sollen Frauen außer Haus kein Parfüm auflegen, da sie damit die Bereitschaft zu Ehebruch und Unzucht signalisieren, also als ehrlose Frauen und Prostituierte wahrgenommen werden.

Sexualität vor und außerhalb der Ehe wird im Koran streng missbilligt (24,2ff; 70,31). Sie unterliegt in der Theorie für Mann und Frau gleichermaßen sehr harten Sanktionen, in der Praxis jedoch für die Frau in viel größerem Maß als für den Mann: Der Koran fordert für unverheiratete Männer und Frauen, die Unzucht begehen, 100 Peitschenhiebe (24,2-3), Verheiratete sollen nach dem islamischen Gesetz (der Sharia) mit der Todesstrafe belegt werden. Bedingung sind allerdings vier männliche Zeugen (24,4) oder ein Geständnis.

Für die Frau ist vor der Eheschließung die Wahrung ihres guten Rufes und ihrer Jungfräulichkeit oberstes Gebot. Eine Einbuße ihrer Jungfräulichkeit kann für sie tödliche Konsequenzen haben. Daher unterliegt sie in ihren Außenkontakten in starkem Maß der familiären und gesellschaftlichen Kontrolle, um ihr keine Gelegenheit zu moralischem Fehlverhalten zu geben. Ist die Frau verheiratet, muss sie weiterhin auf die Wahrung ihres Rufes und darauf bedacht sein, nicht in den leisesten Verdacht des Ehebruchs zu geraten. Für den Mann gilt dies in viel eingeschränkterem Maße vor und auch in der Ehe. Kurzzeitige Affären gelten nicht als Scheidungsgrund oder Ehehindernis.

Auch für die Sexualität innerhalb der Ehe gilt für den Mann — wie auch auf den übrigen Gebieten — die

Maßgabe, weisungsberechtigtes Oberhaupt zu sein und für die Frau, ihm Gehorsam leisten zu müssen. Dem Mann wird in der Ehe grundsätzlich das Recht auf Praktizierung der Sexualität nach seinem Willen zugestanden und ein befristeter Verzicht nur zu bestimmten Zeiten erwartet (* Unreinheit der Ehefrau, tagsüber im Ramadan, während der zentralen Riten der Pilgerfahrt).

Ein Recht auf Erfüllung ihrer sexuellen Bedürfnisse haben Mann und Frau, der Ehemann jedoch in jedem Einzelfall, die Frau nur im allgemeinen Sinne, indem sie eine auf Dauer angelegte länger währende sexuelle Vernachlässigung anmahnen kann. Dem Mann wird das Recht auf Sexualität zugestanden, wann immer er sie wünscht: »*Eure Frauen sind für euch ein Saatfeld. Geht zu eurem Saatfeld, wo immer ihr wollt*« (2,223).

Die Frau hat dagegen die unbedingte Pflicht zur Sexualität nach dem Wunsch des Mannes, ihre Verweigerung ist ein Scheidungsgrund. Eine oft zitierte Überlieferung lautet: »*Wenn der Mann seine Frau zu seinem Bett ruft, sie aber nicht kommt, so dass er zornig die Nacht verbringt, dann werden die Engel sie verfluchen, bis es Morgen wird.*«

Aus religiösen Gründen untersagt ist die Praktizierung der Sexualität während der Menstruation der Frau (2,222), in den ersten 40 Tagen nach einer Geburt, tagsüber während des Fastenmonats Ramadan (2,187), im Zustand der Reinheit und Weihe vor einer religiösen Handlung (z. B. vor dem rituellen Gebet) oder während der Durchführung der Wallfahrtsriten in Mekka (2,197). Hinzu kommt noch die Stillzeit, wenn der Ehemann befürchtet, dem bereits geborenen Kind durch eine erneute Schwangerschaft Schaden zuzufügen.

Aus christlicher Sicht: Im Gegensatz zu dem im Islam einseitig formulierten Recht auf Sexualität betont die Bibel die gegenseitige »Verpflichtung«, gleichzeitig aber auch die Rücksichtnahme des »stärkeren Gefäßes« (des Mannes) gegenüber dem »schwächeren Gefäß«, dem er die »Ehre geben soll« (vgl. 1. Korinther 7,3-5 und 1. Petrus 3,7). Ein »Recht« auf Sexualität existiert nur, solange der andere »höher geachtet wird« als die eigene Person und die »Ehre« der Frau nicht verletzt wird. Die Pflicht, den Ehepartner zu lieben und zu ehren steht im Vordergrund des biblischen Ehebündnisses, deren Ausdruck auch die Sexualität sein kann. Sexualität hat in der Bibel jedoch nichts mit Gehorsamsleistung noch mit der Einforderung von Gehorsam zu tun. Die Forderungen nach Enthaltsamkeit vor der Ehe und Treue in der Ehe gelten nach biblischen Maßstäben gleichermaßen für Mann und Frau.

Sohn

Bekommt ein muslimisches Ehepaar einen Sohn, herrscht große Freude bei den Eltern, aber auch bei der erweiterten Familie. Der Koran sagt: »Vermögen und Söhne sind Schmuck des diesseitigen Lebens« (18,46). Wird einer Frau ein Sohn geboren, feiert außer der erweiterten Verwandtschaft oft die ganze Umgebung der Familie mit, überbringt Geschenke und Glückwünsche. Der Vater, dem die gute Nachricht mitgeteilt wird, gibt dem Boten traditionell ein Geschenk.

Die Heirat hat den gesellschaftlichen Status der Ehefrau gegenüber dem Ledigsein verbessert, aber Mutter zu werden und einen Sohn zur Welt zu bringen, ist eine weit tief greifendere Aufwertung ihrer Position.

Ist es der erste Sohn oder das erste Kind gleich ein Sohn, bedeutet das über die Freude hinaus für die Mutter zugleich eine Art »Befreiung« und große Erleichterung: Zum einen stellt sie damit ihre Fruchtbarkeit unter Beweis, gleichzeitig aber wird sie für die Geburt eines Sohnes höher geachtet als für eine * Tochter und steht nun nicht mehr in Gefahr, wegen Kinderlosigkeit oder der ausschließlichen Geburt von Töchtern von ihrem Ehemann verstoßen zu werden.

Wenn das Ehepaar nach der Tradition im Haushalt der Eltern des Ehemannes lebt, wird die Frau eigentlich erst mit der Geburt eines Sohnes zum voll anerkannten Familienmitglied. Sie steigt in der Achtung ihrer Schwiegermutter und steht nicht mehr ganz unten in der Hierarchie der Schwiegerfamilie mit der Pflicht, die härtesten und unangenehmsten Hausarbeiten übernehmen zu müssen.

Die Geburt eines Sohnes ist ein so einschneidendes Erlebnis, dass die Mutter von nun an mit dem Vornamen ihres Sohnes bezeichnet werden kann. So heißt eine »Djamila« ab diesem Zeitpunkt nur noch »umm Kamal« (»die Mutter von Kamal«) — eine Art Ehrentitel — und ihr ursprünglicher Name gerät mehr und mehr in den Hintergrund. Dasselbe gilt für den Vater, der nun »Abu Kamal«, Vater des Kamal, heißt.

Bekommt die Ehefrau mehrere Söhne, fügt jeder zu ihrer Ehre noch hinzu. Sie und ihr Mann werden auf zwei oder drei Söhne sehr stolz sein. Die Geburt einer Tochter ist dann nicht mehr unerwünscht, da sie der Mutter in der großen Familie bald bei allen anfallenden Hausarbeiten eine Unterstützung sein wird.

Söhne zu haben, wird zudem von den Eltern oft als »einfacher« beurteilt als Töchter, weil sie ihr moralisches Verhalten nicht so stark kontrollieren müssen wie das von Töchtern. Söhne gefährden selbst bei Verfehlungen (im gewissen Rahmen) nicht die Ehre der Familie (* Ehre und Schande), und ihre Heiratschancen werden durch einzelne Fehltritte nicht herabgesetzt. Söhne können mehr oder weniger »draußen« aufwachsen, dort Freunde haben und sportliche oder religiöse Aktivitäten entwickeln, ohne dass man ständig um sie in Sorge sein müsste. Solange sie Respekt vor den Eltern und Älteren im Allgemeinen zeigen und — je nach Religiosität der Familie — an der öffentlichen Religionsausübung in der Moschee teilnehmen, müssen sie im Gegensatz zu den Töchtern keine Vielzahl von Verhaltensregeln in und außerhalb der Familie beachten. Ihr Bewegungsspielraum ist erheblich größer.

Söhne zu haben ist auch deshalb von Vorteil, weil ein Sohn seiner Mutter auch nach seiner Heirat erhalten bleibt, während eine Tochter zur Eheschließung ihr Elternhaus verlässt. Der Sohn trägt vor der Eheschließung zum Familieneinkommen und im Alter der Eltern zu deren Altersversorgung bei.

Mütter sind ihren Söhnen oft in abgöttischer Liebe und mit besonderer Zärtlichkeit verbunden. Zwar wird der Sohn nur in den ersten Kleinkinderjahren ganz von ihr erzogen. Spätestens ab etwa sieben Jahren wird er mehr und mehr in die Welt der Männer eingeführt und wird sich auch mehr außer Haus aufhalten, die emotionale Bindung zwischen Mutter und Sohn bleibt jedoch sehr stark. Durch den Sohn erhielt die Mutter gewissermaßen ihre angesehene Stellung in der Familie und Gesellschaft. Mütter sehen ihren Söhnen als Kinder oft alles nach und nehmen sie vor der Strenge des Vaters in Schutz, ja, hintergehen nicht selten ihren Ehemann, um einen Sohn seiner Bestrafung zu entziehen. Der Sohn ist seinerseits seiner Mutter in emotionaler Hinsicht und in Respekt und Zuneigung meist sehr verbunden.

Diese ganz besondere Verbundenheit zwischen Mutter und Sohn kann, wenn der Sohn heiratet, zu Konflikten führen: Kommt es in seinem Haus zwischen seiner neuen Ehefrau und seiner Mutter zu Auseinandersetzungen, wird er sich nicht selten auf die Seite seiner Mutter gegen seine Frau stellen, denn mit der Mutter ist er u. U. nicht gewohnt, Konflikte offen auszutragen. Lieber weist er seine Frau zurück, die ohnehin in der geringeren Machtposition und ihm zu Gehorsam verpflichtet ist. Mischt sich die Schwiegermutter aktiv in die neue Ehe ein und wiegelt den Sohn beständig gegen seine Frau auf, kann es für ein Ehepaar im Haus der Schwiegereltern sehr schwer sein, zu einer tief gehenden Verbundenheit und echtem Vertrauen zu kommen.

Die Mutter ist die Frau im Leben des Sohnes, die ihr Leben lang bei ihm bleiben wird, die Ehefrau kann im Kindbett sterben oder geschieden werden. Seiner Mutter kann der Sohn vertrauen, ihr Lebenswandel ist nicht mehr so stark der Kritik ihres Umfeldes ausgesetzt, von ihr geht keine Gefahr aus. Sie idealisiert und liebt er. Seiner Frau vertraut er oft nicht so rückhaltlos, weil er sie weniger gut kennt. Sie könnte ihn möglicherweise betrügen, da sich ihr moralischer Lebenswandel erst erweisen muss. So hat der Mann oft lange oder dauerhaft nur eine enge emotionale, vertrauensvolle Beziehung zu seiner Mutter, nicht zu seiner Frau. Der Sohn löst sich häufig niemals von der Mutter wirklich ab.

Tochter

Wird in eine muslimische Familie eine Tochter hineingeboren, ist die Freude meist verhaltener als bei einem * Sohn. Ist es die zweite oder gar dritte Tochter, mag sich bei der Frau die Sorge einstellen, »nur« Töchter zur Welt zu bringen und damit die Hoffnungen des Ehemannes oder seiner Familie auf einen männlichen Nachkommen nicht zu erfüllen.

Eventuell wird der Mann seine Frau für die Geburt mehrerer Töchter bestrafen oder sogar verstoßen. Wenn dazu die Rahmenbedingungen vorhanden sind, kann er auch eine zweite, dritte oder vierte Frau hinzuheiraten. Nicht selten wird er wohl auch das Mitleid und den Spott seines Umfeldes auf sich ziehen. Der Koran beschreibt, dass die Geburt eines Mädchens beim Vater *»ein finsteres Gesicht«* und *»Groll«* hervorrief und er sich wegen dieser *»Schande«* versteckte (16, 58-59). Eine solche Reaktion ist — insbesondere bei mehreren Töchtern — auch heute durchaus möglich, obwohl der Koran es als Gottes Entscheidung bezeichnet, Töchter und Söhne zu schenken, wem er will (42, 49). Der Koran verurteilt außerdem die vorislamische Sitte, neugeborene Mädchen lebendig zu begraben.

»Nur« Töchter zu haben, ist auch deshalb ein Problem, weil sie traditionell nichts zum Familieneinkommen und der Altersversorgung der Eltern beitragen (heute beginnt sich dies zu wandeln). Eine Tochter zu bekommen, wenn schon ein oder zwei Söhne geboren wurden, wird dagegen nicht als nachteilig betrachtet,

denn sie bedeutet für die Mutter baldige Hilfe bei
den täglichen Haushaltspflichten. Schon ab etwa drei
Jahren wird ein Mädchen mit diesen Arbeiten ebenso
vertraut gemacht wie mit der Beaufsichtigung jüngerer
Geschwister, denn nur wenn sie beide Aufgaben beherrscht, ist sie zu verheiraten.

Die Zeit der unbeschwerten Kindheit entfällt für
Mädchen oder ist doch sehr kurz, da sie sich so bald wie
möglich für die Familie nützlich machen sollen. Eine
höhere Schulbildung und Berufsausbildung wird zwar
im städtischen Bereich heute stärker angestrebt, ist
aber noch längst nicht überall selbstverständlich.

Eine Tochter wird außer in der Haushaltsführung
von der Mutter und den übrigen weiblichen Verwandten darin unterrichtet, wie sie sich gemäß den für
Frauen gesellschaftlich festgelegten Normen verhalten
muss, da sie sonst in der Gesellschaft keine Anerkennung und keinen Platz finden kann. Ihr Ruf gerät in
Gefahr, was für die Frau selbst, aber auch für ihre Familie die größtmögliche Katastrophe bedeutet. Nicht die
Frau selbst und auch nicht ihr Mann allein, sondern
ihr ganzes Umfeld definiert, was korrektes Verhalten
ist.

Diesem Urteil ist die Tochter insbesondere in jungen Jahren ab der Pubertät stark ausgesetzt, da sie mit
den übrigen Frauen die Trägerin der Familienehre ist.
Sie muss in der Öffentlichkeit sehr zurückhaltend auftreten, sich vorschriftsmäßig kleiden, die Augen niederschlagen und zum Verdacht des unmoralischen Verhaltens keinerlei Anlass geben. Innerhalb der erweiterten
Familie soll sie sich demütig und bescheiden verhalten,
respektvoll gegenüber Älteren sein und gegenüber den

männlichen Familienmitgliedern eine dienende Haltung an den Tag legen.

Als kleines Mädchen kann sie noch relativ unbeaufsichtigt außer Haus spielen, auch mit Jungen. Nähert sie sich aber dem Alter der Pubertät, wird sie mehr und mehr im Haus bleiben müssen, ja, ihr Ruf ist umso besser zu schützen, je weniger sie das Haus verlässt.

Auch wenn die Mutter mit einer Tochter im familiären Rahmen länger eng verbunden bleibt — während ein Sohn ab etwa 7 Jahren vermehrt in die Außenwelt des Vaters eingeführt wird — wird sie sich bei der — manchmal recht frühen — Hochzeit der Tochter von ihr trennen müssen, wenn diese gemäß der Tradition in das Haus ihres Ehemannes übersiedelt. Die Tochter hat jedoch das Recht, zu Besuchen in das Haus ihrer Eltern zurückzukehren.

Außerdem kann die Mutter einer Tochter in der Regel nicht den ersten Schritt zu einer Eheanbahnung tun, da die Initiative dazu traditionell von der Mutter des Bräutigams ausgeht. Wird die Tochter zu Hause vom Vater oder später vom Ehemann oder der Schwiegermutter nicht gut behandelt, kann die Mutter selbst nur wenig dagegen tun, da auch die Tochter wie jede Frau unter die Gehorsamspflicht gegen ihren Vater, Bruder bzw. Ehemann fällt. Allenfalls der Vater, Bruder oder Onkel kann versuchen, durch Druck ihren Ehemann zu einer Verhaltensänderung zu bewegen. Fällt in der westlichen Welt der schützende Rahmen der Großfamilie weg, ist die verheiratete junge Frau oft weitaus stärker isoliert und von Hilfe abgeschnitten als es in ihrem Heimatland der Fall wäre.

Tod und Begräbnis

»Wenn sich der Todestag eines Menschen nähert, lässt Allah von dem Baum unter seinem Thron das Blatt fallen, auf dem der Name des betreffenden Menschen geschrieben steht.«

Im Volksislam

Im Augenblick des Todes, so glaubt man, entzieht der Todesengel Izra'il dem Menschen seine Seele (arab. ruh bzw. nafs). Der Koran weist in zahlreichen Versen darauf hin, dass Gott den Todestag eines jeden Menschen festgelegt hat und ihn an diesem Tag ins Jenseits abberuft (56,60-61). Jeder Mensch weiß, dass ihn mit Sicherheit *»der Tod ereilen wird«* (21,35).

Fühlt ein Muslim seinen Tod nahen, vollzieht er nach Möglichkeit noch selbst die rituelle Waschung. Wird er schwächer, wird man vielleicht Korantexte rezitieren, seinen Kopf in Richtung Mekka ausrichten und ihm kurz vor dem Sterben das Glaubensbekenntnis vorsagen, aber damit aufhören, wenn er es selbst noch einmal wiederholt hat. Das Glaubensbekenntnis sollen seine letzten Worte vor dem Tod sein, denn Muhammad soll gesagt haben: *»Wer als letzte Worte vor seinem Tod 'la ilaha illa llah' [Es gibt keinen Gott außer Allah] sagt, betritt den Garten des Paradieses.«*

Nach volksislamischer Auffassung wird der Tote im Jenseits von zwei Engeln nach seinem Glauben folgendermaßen befragt werden: 1. Wer ist dein Gott? 2. Wer ist dein Prophet? 3. Was ist deine Religion? 4. Wohin zeigt deine Gebetsrichtung? Nur wenn der Tote diese Antworten kennt und sich mit dem Glaubensbekenntnis zum Islam bekennen kann, wird er über eine Brücke gehen können, die schärfer ist als ein Schwert und dünner als ein Haar. Gläubige Muslime können sie unbeschadet überqueren und ins Paradies eintreten. Ungläubige stürzen von der Brücke in die Hölle und in das Feuer hinab.

Der Tod

Ist der Tod eingetreten, werden dem Toten unter Gebet für seine gnädige Aufnahme im Jenseits die Augen und der Mund geschlossen. Die Totenklage wird angestimmt, jedoch verurteilen viele Theologen Zeichen übermäßiger Trauer wie das Zerreißen der Kleider, das Schlagen an die Brust oder ins Gesicht, da dies als mangelnder Glaube ausgelegt wird. Trauer ist im Islam erlaubt, soll aber nach Meinung vieler Theologen gefasst und beherrscht, nicht übermäßig laut und hysterisch geäußert werden.

Die Familie, zu der der Tote gehörte, gilt nun für drei Tage als Trauerhaus. Eine Witwe darf vier Monate und zehn Tage um ihren Mann trauern. (Schwarz ist keine Trauerfarbe im Islam.)

Grundsätzlich gilt auch in dieser Verlustsituation dasselbe wie für andere einschneidende Ereignisse (wie z. B. eine Geburt), nämlich dass Nachbarn und Verwandte Hilfe und Beistand leisten und die Trauernden nicht allein lassen, ja, für die erste Zeit ihre Versorgung übernehmen.

Der Leichnam wird nach Eintritt des Todes nach aller Möglichkeit von Verwandten desselben Geschlechts gewaschen und parfümiert. Ehemänner können auch von ihren Frauen gewaschen werden, nicht alle Theologen erlauben die Totenwaschung einer Ehefrau durch ihren Mann.

Die Waschung zu unterlassen gilt als Sünde. Daher soll, wenn bekannt wird, dass bei einem Toten die Waschung unterlassen wurde, dieser Leichnam, auch wenn er bereits im Grab liegt, aber noch nicht mit Erde bedeckt ist, nochmals zur Waschung herausgehoben werden. Nur Märtyrer sollen ungewaschen in ihren blutbefleckten Kleidern beigesetzt werden.

Für die Grablegung wird der Tote in vorzugsweise weiße, in eine von der Beschaffenheit und Größe genau festgelegte Zahl von Leintüchern eingehüllt. Häufig findet das Pilgergewand eines Mekkapilgers nochmalige Verwendung als Leichentuch. Diese speziellen Stoffe werden von Frauen jenseits der Wechseljahre hergestellt, so ist gewährleistet, dass sie sie nicht im Zustand der rituellen Unreinheit verarbeiteten.

Grundsätzlich soll ein Toter so rasch wie möglich für die Beerdigung vorbereitet und die Grablegung ebenfalls rasch, am besten noch am selben Tag, erfolgen. Durch die Berührung eines Toten sowie das Tragen der Totenbahre tritt eine rituelle Verunreinigung ein, die durch eine rituelle Waschung beseitigt werden muss, bevor der Betreffende wieder einen Koran berühren oder das Gebet verrichten kann (* Unreinheit, rituelle).

Das Beerdigungsgebet wird gesprochen, das die Bitte um Vergebung für den Toten einschließt, sowie die Bitte an den Toten, bei Gott Fürsprache für die Lebenden einzulegen. Die Angehörigen bzw. dem Toten Nahestehenden nehmen unter Anleitung eines Richters (Qadis) oder Gemeindevorstehers (Imams) daran teil.

Die Beerdigung

Nach dem Beerdigungsgebet soll der Leichnam rasch begraben werden. Mit dem Leichenzug wird er zum Friedhof getragen (bei männlichen Toten kann unterwegs in der Moschee für ihn gebetet werden), wobei er auf einem rein muslimischen oder zumindest einem Muslimen vorbehaltenen Gräberfeld beigesetzt werden muss. Es ist eine Ehre, einer der Sargträger sein zu dürfen, auch Passanten an der Straße können den Toten auf diese Weise ein Stück des Weges begleiten. Nach der Überlieferung bewirkt das Tragen der Totenbahre Sündenvergebung.

Zum Leichenzug gehören traditionell ausschließlich Männer, da die Überlieferung Frauen verbietet, an der Grablegung — und sei es die ihres Ehemannes oder ihrer Kinder — teilzunehmen. Nach Auffassung einiger Theologen ist die Teilnahme der Frauen am Leichenzug vollkommen untersagt, andere verbieten sie nicht streng, halten es aber für sehr empfehlenswert, wenn eine Frau zu Hause bleibt.

Der Tote wird bei der Grablegung auf seine rechte Seite gelegt und sein Kopf in Richtung Mekka ausgerichtet. Die Anwesenden füllen die Erde in das offene

Grab und bitten nochmals für den Toten um Vergebung, rezitieren Korantexte und sagen dem Toten erneut das Glaubensbekenntnis vor, damit er in der Lage
sein wird, den Grabesengeln Antwort auf die Frage
nach seinem Glauben zu geben.

Eine Verbrennung ist nicht statthaft, auch nicht auf
Wunsch des Toten. Es ist nicht erlaubt, Steine auf dem
Grab aufzurichten oder Schmuckelemente anzubrin-
gen, natürlich auch kein Kreuz. Nach muslimischer Auffassung darf nach der Grablegung die Totenruhe nie
mehr gestört werden. Muslimische Gräberfelder dürfen
daher nicht nach Ablauf einer Frist von 20 bis 30 Jahren
wieder belegt werden. Diese Auffassung hat dort zu
Konflikten geführt, wo Muslime nicht – wie es bis heute
bei der absoluten Mehrheit der Fall ist – zur Bestattung
in ihr Heimatland überführt werden, sondern auf einem
deutschen Friedhof beerdigt werden, auf dem im Regelfall eine Wiederbelegungsfrist für die einzelnen
Gräber existiert. Krankenhäuser in Deutschland bieten
inzwischen muslimischen Angehörigen mehr und mehr
die Möglichkeit zur islamischen Totenwaschung und
Friedhöfe immer mehr muslimische Gräberfelder an.
Die bei Muslimen übliche sarglose Bestattung ist hier-
zulande fast überall ausgeschlossen. Wird der muslimische Leichnam im Sarg bestattet, wird als »Ersatz« etwas Erde mit in den Sarg gelegt.

Bei den anschließenden Beileidsbezeugungen und
Besuchen von Freunden, Nachbarn und Verwandten
halten sich Männer und Frauen an getrennten Orten
auf. Männer werden von Männern und Frauen von
Frauen besucht. Frauen werden von Nachbarinnen und
Verwandten versorgt, Männer lesen Korantexte und ge-

denken des Toten. Almosen werden verteilt. 40 Tage
nach dem Tod und oft nochmals ein Jahr nach dem Tod
wird ein Totenmahl für Verwandte und Freunde gehal-
ten, an dem im ländlichen Bereich manchmal das ganze
Dorf teilnimmt.

Aus christlicher Sicht: Die Bestattung eines Toten ist
im Islam mit zahlreichen Einzelvorschriften verbunden,
deren Unterlassung als Sünde gilt. Beachtet man alle
Vorschriften genau (Wortlaut des Gebetes, Waschung,
vorschriftsmäßige Einhüllung u. v. m.), ist eine Beerdigung durchaus eine komplizierte Angelegenheit, die
den Ausführenden bei Einhaltung aller Vorschriften
zum Guten, andernfalls als Sünde angerechnet wird.
Daher werden Totenwaschungen manchmal von Fach-
leuten durchgeführt, nicht von der Familie. Sowohl für
den Toten als auch für den Leichenwäscher bzw. für die
Angehörigen ist es sehr wichtig, ja heilsmitentschei-
dend, alle Regeln zu beachten, die mit der Beerdigung
in Zusammenhang stehen.

Sodann bleibt die Frage der Gewissheit der Sündenvergebung für den Toten offen. Auf Gottes Erbarmen wird zwar gehofft, Gewissheit darüber gibt es
jedoch nicht, und daher wird auch am Grab nicht dahingehend gebetet. Es bleibt nur die Hoffnung auf
Errettung und Eingang ins Paradies.

Unreinheit, rituelle

Reinheitsgebote haben im Islam generell einen hohen Stellenwert. Nur im Zustand der rituellen Reinheit kann die Gottesverehrung praktiziert werden, d.h., das rituelle Gebet verrichtet, ein Koran berührt oder eine Moschee betreten werden. Daher sind viele Muslime in der westlichen Welt beständig besorgt darum, sich nicht durch den versehentlichen Genuss von Alkoholbestandteilen (in Medikamenten, Süßigkeiten o.ä.), von Blut oder Schweinefetten (in Gummibärchen, Fleischwaren usw.), die in kleinen Mengen möglicherweise nicht deklariert werden, zu verunreinigen.

Besonderes Gewicht hat die rituelle Reinigung und der Erhalt des Reinheitszustandes bei der großen Wallfahrt nach Mekka, die nur im Zustand der Reinheit ausgeführt werden darf und nur dann Gültigkeit besitzt. Weil in früheren Jahrhunderten die meisten Wohnungen und Häuser keine eigenen Bäder besaßen, wurde die Ganzkörperwaschung zumeist in einer öffentlichen Badeanstalt, dem Hammam, vorgenommen (*Bad), das aufgrund der Reinigungsvorschriften in der islamischen Welt so große Bedeutung besaß.

Nur im Zustand der Reinheit darf der Gläubige vor Gott treten: »*Ihr Gläubigen! Kommt nicht zum Gebet, während ihr betrunken seid, bis ihr wisst, was ihr sagt, und auch nicht (sexuell) verunreinigt ... bis ihr euch gewaschen habt*« (4,43). Für fromme Muslime ist die Frage, ob sie sich rituell verunreinigt haben könnten, von großer Bedeutung. Rituelle Verunreinigung macht die Gottesvereh-

rung letztlich nichtig und ungültig und kann daher
schwerer wiegen als eine so genannte »kleine« Sünde
oder »leichte Verfehlung«. Der Koran sagt: »*Und er
[Gott] liebt die, die sich reinigen*« (Sure 2,222; 9,108),
und von Muhammad ist überliefert: »*Reinheit ist die
Hälfte des Glaubens.*«

Die Reinigung hat auch einen geistlichen Aspekt. Sie
reinigt nicht nur von äußerlichem Schmutz, sondern
auch von Sünde. Nach der Überlieferung dient die Waschung zur Festigung des Glaubens, sie führt zur Reue
und macht vor Gott rein von Sünde.

Der Zustand der Unreinheit entsteht durch Berührung des Unreinen bzw. Verbotenen (dessen, was »haram« ist): durch Kontakt mit allen Körperflüssigkeiten
(Blut, Urin, Stuhl, Samen), durch Berühren des Intim-
bereichs, eines Leichnams oder einer Person des anderen Geschlechts und den Genuss oder das Berühren
der im Islam verbotenen Speisen Alkohol, Blut, Aas,
Schweinefleisch (2,173) und allem, was daraus hergestellt ist. Je nach Grad der Verunreinigung wird unter-
schieden zwischen der »großen« und »kleinen Unreinheit«.

Die »kleine Unreinheit« entsteht durch Bewusst-
seinsschwund (Ohnmacht), Schlaf, Abgang von Win-
den, durch Berühren einer Person des anderen Geschlechts, durch Benutzung der Toilette. Der Koran
führt aus: »*Und wenn ihr krank oder auf Reisen seid oder
wenn einer von euch vom Abort kommt oder wenn ihr die
Frauen berührt habt …*« (4,43) und nennt die Möglichkeit der Reinigung mit Wasser, an deren Stelle im Notfall auch die Reinigung mit Sand oder eine symbolische
Handlung treten kann: »*… und wenn ihr kein Wasser*

*findet, dann sucht einen sauberen Boden und streicht über
das Gesicht und die Hände«* (4,43; vgl. 5,6).

Die »kleine Waschung« nach der »kleinen Unreinheit« besteht also in der rituellen Reinigung mit Wasser
(im Notfall mit Sand oder, symbolisch, mit einem Stein)
der Hände und Arme bis zu den Ellenbogen, der Füße
bis zu den Unterschenkeln, der Ohren, der Nase und
des Mundes und des Streichens über den Kopf, wobei
die einzelnen Rechtsschulen hinsichtlich der einzelnen
Handlungen, die als verpflichtend gelten und derer, die
als empfohlen gelten, Unterschiede machen.

Die »große Unreinheit« entsteht vor allem durch Geschlechtsverkehr und durch Menstruation und Geburt.
Da für Frauen dieser Zustand der Unreinheit regelmäßig wiederkehrt, werden sie häufiger ihre Religionsausübung (vor allem Gebet und Fasten im Ramadan)
unterbrechen und nach Abschluss der »großen Reinigung« wieder aufnehmen müssen.

Die »große Waschung«, die die »große Unreinheit«
beseitigt, erfordert das vollständige Eintauchen des
Körpers ins Wasser oder, wo das nicht möglich ist, zumindest die Berührung aller Körperteile mit Wasser. Sie
wird vor großen Feiertagen, vor allem dem Fest des
Fastenbrechens am Ende des Ramadan und dem Opferfest am Ende der Pilgerfahrt, durchgeführt. Nach einer
Überlieferung soll sie sogar vor jedem Freitag, an dem
der Moscheebesuch zum Freitagsgebet für Männer obligatorisch ist, erfolgen: *»Die Ganzwaschung des Körpers
am Freitag ist jedem Volljährigen Pflicht«,* aber diese
Pflicht wird nicht von allen muslimischen Theologen
anerkannt.

Zeitehe

Die Ehe auf Zeit oder mut'a-Ehe (wörtlich »Genuss«-Ehe von arab. mut'a = Genuss) ist eine besondere islamisch-schiitische Eheform, bei der die Ehe nicht auf Dauer, sondern nur für einen gewissen Zeitraum angelegt ist. Die Frau erhält von ihrem Mann für die Dauer der Ehe eine Entlohnung.

Die Zeitehe wird bis heute von einigen — nicht von allen — schiitischen Gruppierungen in Indien, Iran, Irak und Pakistan praktiziert. Von der muslimischen Mehrheit der Sunniten wird sie heute fast durchgängig als eine Form der Prostitution abgelehnt. Man argumentiert dagegen von schiitischer Seite, die Zeitehe sei keine Prostitution, denn bei der Prostitution werde die Frau gedemütigt, degradiert und ausgebeutet, während die Frau bei der Zeitehe »freiwillig«, unter bestimmten, festgelegten Bedingungen für eine gewisse Zeit einen Vertrag mit einem Mann eingehe, den sie sich frei ausgesucht habe. Es ist allerdings zu fragen, was unter der »Freiwilligkeit« der Zeitehe zu verstehen ist, wenn sie — was wohl recht häufig vorkommen soll — der Sicherung des Lebensunterhaltes der Frau nach einer Scheidung oder dem Tod ihres Ehemannes dient.

Allerdings ist die Zeitehe auch im schiitischen Bereich nicht ganz unumstritten, obwohl schiitische Gelehrte im Allgemeinen vermeiden, sich offen und unverhohlen gegen die Zeitehe auszusprechen. Von den schiitischen Befürwortern der Zeitehe wird häufig an-

geführt, die Zeitehe verhindere Unzucht und trage mit
dazu bei, sexuelle Verirrungen wie Homosexualität, Ge-
schlechtskrankheiten und die Prostitution zu vermeiden.

Leider ist aufgrund der spärlichen Quellenangabe
die Entstehung der Zeitehe und ihre geschichtliche
Entwicklung in der muslimischen Gemeinschaft nur
schwer nachzuzeichnen. Es hat aber den Anschein, dass
schon in vorislamischer Zeit die zeitlich begrenzte Ehe
praktiziert wurde. Der Koran spricht an keiner Stelle
explizit von der Zeitehe, spielt aber möglicherweise im
zweiten Teil von Sure 4, 24 auf diese Eheform an (ganz
eindeutig ist der Wortlaut jedoch nicht):

*»Und [ergänze: verboten sind die, zu heiraten] die unter
Schutz gestellten Frauen, ausgenommen das, was eure
rechte Hand [damit sind wohl Sklavinnen gemeint] besitzt.
Das ist euch von Gott vorgeschrieben. Erlaubt ist euch, was
jenseits dieser [ergänze: Gruppe] liegt, nämlich, dass ihr
euch mit eurem Vermögen [ergänze: sonstige Frauen] sucht
in der Absicht, (ihnen) ehrbare Männer zu sein und nicht
Unzucht zu treiben. Denen unter ihnen, die ihr genossen
habt, sollt ihr — das ist eine Rechtspflicht — ihren Lohn geben. Ihr begeht aber keine Sünde, wenn ihr, nachdem die
Rechtspflicht festgelegt ist, [ergänze: darüber hinaus] eine
Übereinkunft trefft. Gott ist allwissend und weise.«*

Darüber, ob diese Eheform von Muhammad zur Zeit
der Entstehung des Islam erlaubt wurde oder nicht, ist
aufgrund der islamischen Überlieferung kein eindeuti-
ges Urteil zu fällen. Der muslimische Historiker und
Korankommentator at-Tabari (839 - 929 n. Chr.) nimmt
etwa an, Muhammad habe sie selbst praktiziert. Andere
Überlieferungen behaupten, Muhammad habe sie ab
einem bestimmten Zeitpunkt verboten.

Ebenso ist die Stellung der Rechtsgelehrten zur Zeitehe niemals einheitlich gewesen. Es gibt Rechtsgutachten aus der ersten Hälfte des 7. Jahrhunderts n. Chr., die die Zeitehe deutlich gestatten. Diese Haltung scheint sich ab dem 8. Jahrhundert n. Chr. gewandelt zu haben. Ihren Endpunkt fand diese Entwicklung jedoch wohl erst im 11. Jahrhundert n. Chr., als die Sunniten die Zeitehe als eine Art legalisierte Prostitution verurteilten, während die Schiiten bis heute an ihr festhalten und sie als rechtmäßige, islamische Eheform verteidigen. Einige Schiiten gingen sogar so weit, zu sagen: »*Der Gläubige ist nur dann vollkommen, wenn er die mut'a-Ehe gelebt hat.*« Diese Aussage ist allerdings für die allgemeine schiitische Meinung nicht repräsentativ.

Abgesehen von mehr oder wenig zufällig zugänglichen Zeugnissen über die Zeitehe ist es leider sehr schwierig, verlässliche Statistiken darüber zu erhalten, in welchem Umfang sie heute oder in der Vergangenheit praktiziert wurde. Ist schon das Auffinden von Stellungnahmen von schiitischen Gelehrten und Theologen zum Thema Zeitehe sehr schwierig, so scheint es fast unmöglich zu sein, Äußerungen von Frauen zu erhalten, die in Zeitehen gelebt haben oder leben.

Die Zeitehe in der Praxis

Zu einer Zeitehe gehört die Festlegung des Zeitraumes, für den die Ehe geschlossen wird, sowie die Festlegung der Entlohnung der Frau. Der Zeitraum der Ehe kann von wenigen Stunden über einen Tag bis zu 99 Jahren variieren und nach Ablauf der Frist nicht verlängert

werden. Aufgrund der Entlohnung der Frau für die
Zeitehe hat man vielfach den Vergleich zur Prostitution
gezogen. Es ist anzunehmen, dass Zeitehen auch heute
von Frauen in erster Linie zur Sicherung ihres Lebensunterhaltes geschlossen werden, obwohl es schwierig
ist, verlässliches Datenmaterial zu erhalten.

Wahrscheinlich wird die Zeitehe von Frauen als
zweite oder spätere Ehe nach dem Tod ihres ersten
Mannes oder nach einer Scheidung eingegangen. Eine
Zeitehe soll nicht mit einer Jungfrau geschlossen werden. Das vorrangige Ziel einer Zeitehe ist nicht die
Gründung eines Hausstandes oder einer Familie, sondern offensichtlich die Versorgung der Frau.

Die Zeitehe basiert auf der gegenseitigen Übereinkunft von Mann und Frau und wird im Gegensatz zu einer normalen Ehe nicht von Verwandten arrangiert. Sie
muss nicht vor einem Richter (arab. Qadi) geschlossen
werden und kann — wiederum im Gegensatz zu einer
normalen Ehe — auch schon vor Vertragsabschluss be-
gonnen haben. Ferner bedarf die Eheschließung nicht
der sonst üblichen zwei Zeugen. Die Frau muss unverheiratet, fromm und keusch sein und die Zeitehe kennen (also eine Schiitin sein), während der Mann die
Zeitehe neben seiner Ehe (oder seinen Ehen) führen
kann.

Nach Auffassung der Mehrheit der Muslime erlaubt
Sure 4, 3 jedem Mann die Eheschließung mit bis zu vier
Ehefrauen gleichzeitig und zusätzlich einer nicht näher
benannten Zahl von Nebenfrauen: »*Und wenn ihr befürchtet, gegenüber den Waisen nicht gerecht zu handeln,
dann heiratet, was euch an Frauen beliebt, zwei, drei oder
vier. Wenn ihr aber fürchtet, nicht gerecht zu handeln, dann*

nur eine, oder was ihr (ergänze: an Sklavinnen) besitzt.
Auf diese Weise könnt ihr am ehesten vermeiden, Unrecht zu
tun« (4,3).

Der Ehemann kann durch die Zeitehe über die vier
im Koran erwähnten Ehefrauen und Sklavinnen hinaus
theoretisch unbeschränkt viele weitere Frauen heiraten. Dies soll Berichten zufolge vor allem bei Reisen für
die Dauer der Abwesenheit der Fall sein. In »echter«,
auf Dauer angelegter Polygamie lebt nur ein Teil der
verheirateten Muslime.

Die offiziellen, rechtlichen Komponenten fehlen
also bei der Schließung einer Zeitehe. Die Frau hat in
einer Zeitehe nur sehr wenige Rechte: Sie hat in der Regel keinen Anspruch auf Nahrung, Kleidung und ein
Zuhause, wie es sonst in einer Ehe der Fall ist, sondern
lediglich auf die vereinbarte Entlohnung. Wenn die vereinbarte Dauer der Ehe abgelaufen ist und die Frau ist
schwanger geworden, kann sie auf keinerlei Unterhalts-
zahlungen ihres Mannes hoffen, während dies im Fall
einer Schwangerschaft nach einer Scheidung für eine
begrenzte Zeit der Fall wäre. Eventuelle Kinder aus der
Zeitehe gelten zwar als eheliche Kinder und sind beiden Elternteilen gegenüber erbberechtigt, gehören
aber wie in einer normalen Ehe nach Beendigung der
Zeitehe dem Vater.

Wenn die Zeitehe vollzogen wurde, erhält die Frau
bei Beendigung der Ehe ihre Morgengabe, also ihre
Entlohnung. Sie kann gekürzt werden, wenn die Frau
ihren Mann vor Beendigung der Ehe verlässt. Auch der
Mann kann seine Frau vorzeitig verlassen (bzw. sie verstoßen) und zahlt dann die Hälfte der Morgengabe.
Eine offizielle Scheidung ist bei dieser Eheform nicht

möglich. Die Partner können sich auch nicht gegenseitig beerben.

Wird der Zeitraum der Zeitehe für einen langen Zeitraum festgelegt, so etwa für 99 Jahre, hat die Frau so gut wie alle Pflichten wie in einer üblichen Ehe, ist aber fast aller ihrer Rechte beraubt, die ihr eine sonstige Eheschließung zusichert.

Aus christlicher Sicht: Es ist fast selbstredend deutlich, dass die schiitische Zeitehe gewissermaßen als Kontrapunkt zur biblischen Ehevorstellung aufgefasst werden kann. Während das Wesen der schiitischen Zeitehe die zeitliche Begrenztheit, die Rechtlosigkeit der Frau in Bezug auf Unterhalt, Besitz, Kinder und Erbe und die Entlohnung ist, sofern die Frau alle Verpflichtungen erfüllt, ist für das Alte und Neue Testament die Ehe ein Bundesschluss, ein Eid, mit dem lebenslängliche Fürsorge, Verantwortung und Treue verbunden ist, die in ein dienendes Füreinanderleben (vgl. Epheser 5, 25 - 31), sowie die geistige und geistliche Gemeinschaft und Liebe eingebunden sind.

WEITERE STICHWORTE

LITERATURAUSWAHL

Abadan-Unat, Nermin (Hg.). Die Frau in der türkischen Gesellschaft. Dagyeli-Verlag: Frankfurt, 1985

Bauer, Hans (Hg.). Von der Ehe. Das 12. Buch von al-Gazalis
»Neubelebung der Religionswissenschaften«. Verlag von
Max Niemeyer: Halle, 1917

Biehl, Frauke; Kabak, Sevim. Muslimische Frauen in Deutschland erzählen über ihren Glauben. Gütersloher Verlagshaus:
Gütersloh, 1999

Bliss, Frank. Frau und Gesellschaft in Nordafrika. Islamische
Theorie und gesellschaftliche Wirklichkeit. Deutsche Stif-
tung für internationale Entwicklung: Bad Honnef, 1986

Bousquet, G. H. »Ghusl« [Waschung]. In: Encyclopaedia of Islam.
Vol. 2. E. J. Brill: Leiden, 1986, S. 1104

Breuer, Rita. Familienleben im Islam. Tradition – Konflikte –
Vorurteile. Herder: Freiburg, 1998/2

Denffer, Dietrich, von. Mut'a – Ehe oder Prostitution? in: Zeit-
schrift der Deutschen Morgenländischen Gesellschaft 128/
1978, S. 299-325

Ende, Werner. Ehe auf Zeit (mut'a) in der innerislamischen
Diskussion der Gegenwart, in: Die Welt des Islams 20/1980,
S. 1-43

Glaser, Ida; John, Napoleon. Partners or Prisoners. Christians thin-
king about women and Islam. Paternoster Publ.: Carlisle, 1998

Goodwin, Jan. Der Himmel der Frau ist unter den Füßen des
Mannes. Muslimische Frauen erzählen. Fischer: Frankfurt,
1999/9

Heffening, W. »Mut'a« [Zeitehe]. In: Encyclopaedia of Islam. Vol.
7. E. J. Brill: Leiden, 1993, S. 757-759

Heine, Ina und Peter. O ihr Musliminnen ... Frauen in islamischen Gesellschaften. Herder: Freiburg, 1993

Islamic Ethics of Killing and Saving Life. Special Issue, The
Muslim World 89/1999, No. 2

Kaptein, N. J. G. Muhammad's Birthday Festival. Early History in
the Central Muslim Lands and Development in the Muslim
West until the 10th/16th century. E. J. Brill: Leiden, 1993

al-Kaysi, Marwan Ibrahim. Morals and Manners in Islam. The
Islamic Foundation, Leicester, 1994

Kehl, Kristztina; Pfluger, Ingrid (Red.). Die Ehre in der türki-
    schen Kultur — Ein Wertesystem im Wandel — Die Ausländer-
    beauftragte des Senats von Berlin (Hg.). Berlin, 1997/7
Khoury, Theodor Adel. Abtreibung im Islam. Cibedo-Dokumen-
    tation. Cibedo: Köln, 1981
Klinkhammer, Gritt. Moderne Formen islamischer Lebensfüh-
    rung. Eine qualitativ-empirische Untersuchung zur Religio-
    sität sunnitisch geprägter Türkinnen in Deutschland. diago-
    nal-Verlag: Marburg, 2000
König, Karin. Tschador, Ehre und Kulturkonflikt. Veränder-
    rungsprozesse türkischer Frauen und Mädchen durch die
    Emigration und ihre soziokulturellen Folgen. Verlag für In-
    terkulturelle Kommunikation: Frankfurt, 1994/3
Lightfoot-Klein, Hanny. Prisoners of Ritual. An Odyssey into Fe-
    male Genital Circumcision in Africa. Harrington Park Press:
    New York, 1989
Louis, A.; Sourdel-Thomine, J. Hammam. In: Encyclopaedia of
    Islam. Vol. 3. E. J. Brill: Leiden, 1986, S. 139-146
Maududi, S. Abul A'la. Purdah and the Status of Women in Islam.
    Islamic Publications: Lahore, 1997/15
Minai, Laila. Schwestern unterm Halbmond. Muslimische
    Frauen zwischen Tradition und Anpassung. Klett-Cotta:
    Stuttgart, 1984
al-Qaradawi, Jusuf. Erlaubtes und Verbotenes im Islam. SKD Ba-
    varia Verlag: München, 1989
Ibn Rassoul, Muhammad Ibn Ahmad. Handbuch der muslimi-
    schen Ehefrau. Islamische Bibliothek: Köln, 1996
Sadat, Jehan. Ich bin eine Frau aus Ägypten. Die Autobiographie
    einer außergewöhnlichen Frau unserer Zeit. Heyne: Mün-
    chen, 1987/13
Schacht, J. u. a. »Nikah« [Heirat]. In: Encyclopaedia of Islam. Vol.
    8. E. J. Brill: Leiden, 1995, S. 26-35
Shabbir, Shaikh. Muslims and Family Planning. Dattsons: Nag-
    pur, 1991
Tomiche, N. u. a. »Mar'a« [Frau]. In: Encyclopaedia of Islam. Vol.
    6. E. J. Brill: Leiden, 1991, S. 466-490

Vaglieri, L. Veccia. »Fatima«. In: Encyclopaedia of Islam. Vol. 2.
    E. J. Brill: Leiden, 1986, S. 841-850
Vagt, Holger. Die Frau in Saudi-Arabien zwischen Tradition und
    Moderne. Klaus Schwarz Verlag: Berlin, 1992

Walther, Wiebke. Die Frau im Islam. Edition Leipzig: Leipzig, 1983/2

Walther, Wiebke. Die Frau im Islam heute. In: Ende, Werner; Steinbach, Udo. Der Islam in der Gegenwart. C. H. Beck: München, 1996/4, S. 604-629

Watt, W. Montgomery. »'A'isha Bint Abi Bakr«. In: Encyclopaedia of Islam. Vol. 1. E. J. Brill: Leiden, 1986, S. 307-308

Watt, W. Montgomery. »Khadidja«. In: Encyclopaedia of Islam. Vol. 4. E. J. Brill: Leiden, 1990, S. 898-899

Wensinck, A. J.; Johnstone, Penelope. »Maryam«. In: Encyclopaedia of Islam. Vol. 6. E. J. Brill: Leiden, 1991, S. 628-632